世界卷

历史其实很有趣儿

第1卷

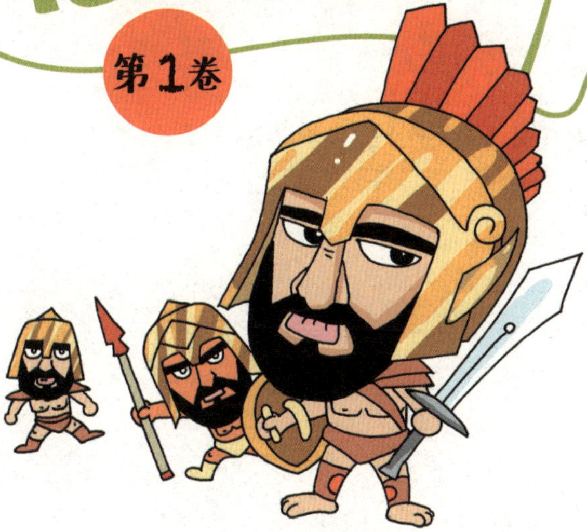

曹亚楠 主编

北京联合出版公司
Beijing United Publishing Co.,Ltd.

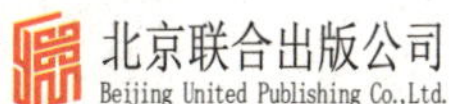

图书在版编目(CIP)数据

历史其实很有趣儿.世界卷／曹亚楠主编.—北京：北京联合出版公司，2014.11（2020.7重印）
（图说天下：学生版）
ISBN 978-7-5502-3846-6

Ⅰ.①历… Ⅱ.①曹… Ⅲ.①世界史－通俗读物 Ⅳ.①K109

中国版本图书馆CIP数据核字(2014)第254387号

图说天下学生版

历史其实很有趣儿（世界卷）

选题策划：日知图书
责任编辑：管　文
文图编辑：薛金博
美术编辑：刘晓东
封面设计：韩木华
版式设计：孙阳阳
图片提供：画盟工作室　陈　科

北京联合出版公司出版
（北京市西城区德外大街83号楼9层 100088）
天津市光明印务有限公司　新华书店经销
字数400千字　787×1092毫米　1/16　32印张
2014年11月第1版　2020年7月第7次印刷
ISBN　978-7-5502-3846-6
定价：128.00元（全四卷）

前言

Foreword

人类之所以伟大，是因为在这个蓝色的星球上，我们是唯一创造了辉煌文明和历史的生灵。在时间的长河里，人类用脆弱的身躯创造出一个个惊天动地的奇迹。

古老的文明在河畔诞生，在法老们至高无上的权杖之下，无数奴隶用血肉之躯建起了伟大的金字塔。神权与王权将人类从蛮荒之中带进了文明的殿堂，在不断的创造与毁灭之中，我们走进了更加巍峨宏丽的时代。王朝更迭，英雄辈出，为了记住遥远的过去，智者将一个个传奇刻在了泥板上、龟甲上、羊皮里，吟唱千年。

帝王将相在战火里纵横捭阖，在以江山做赌注的逐鹿中，英雄们颠覆旧的规则，用铁与血书写新的时代。而哲人们则以智慧的力量，站在了思想的巅峰，建构起古希腊的荣光。

历史的发展往往波澜起伏，高潮迭起。在高贵的文明与野蛮的征服之中，我们挣扎着不断前行。躁动不安的大航海时代，黄金驱使着贪婪的人们踏遍地球上每一寸土地，将一切旧的王朝湮灭在枪炮和刺刀之下。

在躁动而血腥的时代，科技开始渗入经济、政治、军事、生活的各个方面。科技与战争携手，在破坏中毁灭旧的文明，创造新的秩序。在动荡与变革的阵痛之中，此起彼伏的革命带来了新的曙光。

这就是世界上下五千年的发展历程，这也是人类文明延续的内在力量。

历史太神秘，历史太有趣，历史需要我们后来人去不断地谱写和延续。

历史其实很有趣儿

目录

第1章

人类文明那些事儿

第2章

聊聊西方的文明

第4章

古罗马的传奇故事

第3章

欧亚古国霸气崛起

第 1 章

人类文明那些事儿

“地球——这颗蔚蓝色的星球，在无垠的宇宙中不过是沧海一粟，但它孕育了人类、孕育了文明。神秘的金字塔、费解的法老咒语、沉睡的木乃伊、令人叹为观止的神庙和文字，等等，都在讲述着人类文明的那些古老而神秘的事情。

古埃及的文明

上古时期的非洲东北部尼罗河中下游地区，曾经出现过一个规模空前宏大的文明古国，以其鬼斧神工的金字塔、狮身人面像和木乃伊闻名于世。这就是与古中国、古印度和古巴比伦并称为四大文明古国的古埃及。

尼罗河的救赎

大约几万年前，人类的祖先就在尼罗河中上游撒哈拉沙漠一带繁衍生息。后来，尼罗河洪水泛滥，远古先民只好向中下游平坦的地区迁徙。每到汛期，尼罗河从上游带来大量富含矿物质和腐殖质的泥沙，这些泥沙沉积在中、下游的两岸。经过成千上万年的积累，尼罗河中下游两岸的沙漠变成了丰饶的沃土。

人们在尼罗河两岸肥沃的土地上建立家园，最早步入人类文明社会。他们学会了农耕种植、制造和使用铜器，创造了自己的文字。为了预测尼罗河汛期，他们还发明了太阳历。

从洪水肆虐到成就发达的古埃及文明，尼罗河完成了伟大的救赎。

横跨亚非的帝国

大约公元前3100年起，美尼斯国王逐渐统一了尼罗河上下游的部落，建立了国家的雏形。经过几百年的发展，古埃及进入古王国时期，产生了中央集权的君主专制制度，国王成为全国最高统治者。为了加强中央集权的专制统治，他们创造了众神之王——拉神，而国王就是拉神的代言人。

埃及国王向人民宣扬，尼罗河是拉神的馈赠，为了报答拉神，国王号召人民在尼罗河两岸建造起宏伟的宫殿和神庙。到第五王朝时期，国王们已经为自己建造了众多的陵墓，这些庞大的陵墓就是后人所称的金字塔，逐渐形成古埃及标志性建筑。到了第六王朝末期，挥霍无度的统治阶级把大量人力和财物投入到金字塔的建设之中，曾经一度强盛的古埃及出现不可避免的动乱，国家陷入长期的分裂。公元前16世纪左右，阿蒙霍特普一世重新统一了埃及，定都底比斯，古埃及从此进入了发达的中王国时期。随着奴隶制经济的发展，中王国时期的古埃及无论是军事力量还是科技发展方面都远超于其他国家。虽然中途一度出现分裂以及外族入侵，但是整个埃及帝国得到了长足的发展，人们发明了数字运算、天文历法，学会了青铜冶炼。

第十八王朝法老从外族人手中重新夺回统治权之后，古埃及进入新王国时期，君主专制制度得到进一步加强。进入新王国时期的埃及进一步发动侵略战争，版图横跨亚非大陆，军事力量空前强大，是古埃及的全盛时期。

埃及帝国从最初的部落联盟发展到奴隶制社会，历经了几千年，创造了高度发达的人类文明，也为后人留下了众多难解之谜。

金字塔与木乃伊

古埃及金字塔是从古王国时期的马斯塔巴墓发展而来的，第一座埃及金字塔是第三王朝国王左塞的“阶梯金字塔”。埃及人将古老而神秘的天文发现和先进的建筑技术运用到金字塔的建造中来。他们认为，人死了之后，只要把躯体保存完好，就能够得到永生。这些不可思议的想法促使他们把尸体制作成木乃伊存放在金字塔中。古埃及王国虽然早已消逝，但他们创造的金字塔和木乃伊却保存至今。

神秘的金字塔

埃及金字塔，虽经数千年风雨侵蚀却依旧巍然屹立，金字塔中隐藏的秘密到底有多少呢？

为什么要建造金字塔

据说，在古埃及第三王朝之前，人们死后都会被葬入一种用泥砖砌成的长方形坟墓里，当时人们叫它马斯塔巴。后来，有个叫伊姆荷泰普的年轻人，在奉命给埃及法老左塞设计坟墓时，用石块代替了泥砖，建成了一个六级的梯形金字塔，那是我们今天看到的金字塔的雏形。金字塔非常高大，底座是四方形，每个侧面是三角形，整体呈角锥体，其三角形侧影就像汉字中的“金”字，所以汉语称为金字塔。

其实，在最早的时候，古埃及的法老们认为自己死后肯定是要住马斯塔巴的。他们相信，在那样的坟墓里能延续他们的生命。可是后来，古埃及人认为法老死后要成为神，灵魂必然要到天上去，到天上就要有天梯，到哪里找天梯呢？而金字塔是梯形分层的，金字塔铭文中也有这样的话：“为他（法老）建造上天的天梯，他可由此上到天上。”所以古埃及人认为金字塔就是法老上天的天梯。

金字塔是怎样建造的

第四王朝法老胡夫的金字塔原高146.59米（现在顶端被剥蚀了将近10米），是古埃及金字塔中最大的一座。它是用上百万块大石头垒起来的，每块石头的平均重量约有2.5吨，最大的有100多吨重。而且石块和石块之间，没有任何水泥之类的东西，完全是石头被磨平之后叠在一起的。在4000多年前的古埃及，这样的金字塔到底是怎样建造起来的呢？

这个问题让人争论不休。有人认为，金字塔是百万奴隶辛苦劳作的结果；也有人认为，那巨石不是天然的，而是人工浇筑的，也就是说，他们事先将搅拌好的混凝土装进箩筐，抬上金字塔，然后浇筑出一块一块的巨石，将塔一层层地加高；而有的人干脆说，那是外星人建造的，古埃及人不可能有那样的能力……

但是，越来越多的证据告诉我们，金字塔的确是古埃及人建造的，它们是古埃及人集体智慧的结晶。

金字塔有神秘的能量吗

1930年，有个法国人去参观金字塔时，发现里面竟有猫和老鼠的尸体，而且奇怪的是，尽管墓室中很潮湿，那些尸体却没有腐烂。这些动物难道和木乃伊一样干透了？随后，一些科学家做了相关研究。他们发现，把肉食、蔬菜、水果、牛奶等放在金字塔里面，可以长期保持新鲜。难道金字塔内真有神秘的能量吗？ 不仅如此，人们还发现，用塔内放置过的水冲洗伤口，伤口好得很快；生锈的首饰在塔内放一段时间以后，会变得光亮如新……

如今，这些神秘的传说仍在被人们讲述着。难道金字塔内真的储存着一种奇异的能量，它可以使尸体在某一天复活过来吗？

法老的诅咒

金字塔是埃及历代法老的坟墓，自建造以来便吸引着一代又一代贪婪的盗墓贼前去盗宝。金字塔里虽然有许多财宝，但同时还有法老的咒语，盗墓贼往往在大肆盗取财宝的过程中死于非命，这是巧合，还是法老的咒语真的显灵……

进入墓室

1922年11月26日，一座封闭了3000余年的古代埃及法老的墓门前，站着两个看起来很严肃的人，他们是英国考古学家霍华德·卡特和卡那冯勋爵。他们凿开墓门的一角，进入墓室，拿手电筒往里一照，都惊呆了，原来这就是古埃及第十八王朝年轻的法老图坦卡蒙的陵墓。当时，这个发现轰动了世界考古界。人们还发现地上有散落的珠宝，说明曾经有盗墓的人进来过，但是没有偷走什么东西，难道他们曾受到什么意外的惊吓吗？

带着疑问，进入墓室的人又走到图坦卡蒙的棺木旁。只见图坦卡蒙安详地躺在棺内，脸上戴着一副和他本人几乎一模一样的金面具，胸前放着由念珠和花形雕刻串成的装饰品，旁边还有一幅壁画，画着这位年轻的法老被两位天神接往天国。

图坦卡蒙法老的木乃伊上缠着薄薄的布，身上戴着项圈、护身符、戒指、金银手镯以及各种宝石。他的身边还有两把短剑，似乎是给他护身用的。

人们欣喜若狂地整理了墓内的珍品，因种种原因，10年之后，才把它们转入开罗的埃及国家博物馆。

疯狂的咒语

在卡特的挖掘进展到陵墓的前厅时，他曾经看见过一条咒语：我是图坦卡蒙国王的护卫者，我用沙漠之火驱逐盗墓贼。可是它并没有引起卡特的重视。第二年，卡特的幸运鸟金丝雀被一条眼镜蛇咬死了，传说眼镜蛇是古埃及法老的守护者。可是眼镜蛇的出现仍然没有吓住卡特，他还是和同事进入法老陵墓的内室，继续他们的考古工作。参观的人也都被内室巨大的黄金圣坛所倾倒，他们兴致勃勃地欣赏着那些宝物，却没有注意到内室前方的一块小小的石碑。石碑上写着："谁扰乱了法老的安眠，死神将张开翅膀降临他的头上。"接着，卡特又发现了两条诅咒，都是在警告他们放弃这座陵墓，可是卡特和卡那冯对这些咒语毫不在意。后来，有一只蚊子在卡那冯勋爵的脸上咬了一口，那一小口竟然要了他的命。而同时，他远在英国的爱犬也突然死去，这让不少人满腹疑团。

知识链接

在图坦卡蒙的墓室里，有许多箱子和笼子、包金战车，还有用巨大的镀金狮子和怪兽装饰的卧榻……里面的各种兵器、珠宝、工艺品、家具、衣物、化妆品等多达5000余件。

事情还远远没有结束，参与发掘的20多人都在不太长的时间内陆续死去。

众说纷纭

1963年，开罗大学医学教授伊泽廷塔谊在媒体上发表了自己的观点，从他为许多考古学家做的体检情况来看，这些人的身上都带有一种能引起呼吸道发炎的病毒。也就是说，他认为进入法老墓室的人都是因感染了这种病毒，引发肺炎而死的。

1983年，法国女医生菲利浦又发表了自己不同的见解。她认为，致命的是霉菌而不是病毒，因为法老陪葬物品中有很多食品，时间一长，就在墓穴里形成很多霉菌微尘，进入墓穴的人都不可避免地要吸入这种微尘，从而引起肺部感染，最后死去。

还有人认为，古代埃及人很有可能将剧毒作为保护法老陵墓的武器来使用。因为在陵墓内的壁画上含有各种剧毒成分。

孰是孰非，我们还不得而知，但恐怖的诅咒依然让人心惊胆战……

沉睡的木乃伊

与金字塔齐名的木乃伊也是古埃及文化的一个特色，古埃及人将死去的亲人制作成木乃伊，他们相信被制作成木乃伊的亲人可以死而复生。有关木乃伊的传说有很多，那么这些木乃伊的背后到底藏着什么样的故事呢！

木乃伊的传说

奥西里斯是古埃及国王，他具有非凡的智慧，教会了人们种地、做面包、酿酒、开矿，让人们过上了安居乐业的幸福日子。因此，人们很崇拜他。

奥西里斯有个弟弟叫塞特。塞特很嫉妒哥哥奥西里斯的才能和威望，于是就计划杀掉自己的哥哥，夺取王位。有一天，塞特请哥哥一起吃晚饭，还找了许多自己的手下作陪。吃饭的时候，塞特指着一个美丽的大箱子对大家

说："谁能躺进这个箱子，我就把它送给谁。"塞特早就和他的手下串通好了，于是他的手下极力怂恿奥西里斯躺进箱子。无奈之下，奥西里斯就当着大家的面试了一下。没想到他刚一躺进去，弟弟塞特马上就把箱子关闭了，还上了一把锁。塞特派人把箱子偷偷地扔到尼罗河里去了。

奥西里斯被塞特谋害以后，他的妻子雨神伊西斯到处寻找，终于找回了奥西里斯的尸体。塞特得知这件事后，半夜里又偷走了尸体，而且还把它剖成14块，扔在了不同的地方。伊西斯又在不同的地方找到了奥西里斯尸体的碎块，并且就地埋葬了。

后来，奥西里斯的儿子荷鲁斯打败了塞特，替父亲报了仇，并继承了父亲在埃及的王位。他把父亲尸体的碎块从各地挖出来，拼凑在一起，做成了"木乃伊"，又在神的帮助下，使他的父亲复活了。后来埃及的人民纷纷效仿荷鲁斯的做法，渐渐地，制作木乃伊就成了古埃及的一种独特的习俗。他们把死去的人制成木乃伊，希望有一天能够使那些人复活。

制作木乃伊

首先要用铁钩从死尸的鼻孔中掏出一部分的脑髓，并把一些混合了香料、防腐剂的液体灌注到脑子里去进行清洗。然后，用锋利的石刀，在腹部的侧边切一个口子，把内脏完全取出来。腹腔清洗干净后，再把椰子酒和捣碎的香料填到里面去。香料填好之后，把腹腔按照原来的样子缝好。尸体缝好以后，放在泡碱粉里泡70天左右，然后把尸体洗干净，从头到脚用细亚麻布作为绷带包裹起来，外面再涂上树胶，然后将它放到特制的人形木盒里，保管在墓室中，靠墙直放着。这样，尸体就变成了我们现在看到的木乃伊。

这种木乃伊的做法费用昂贵，一般只有法老、达官贵人和富翁才能这么做。穷人制作木乃伊的办法则简单多了。只是将尸体的腹部清洗一下，然后把尸体放到泡碱粉里浸泡70天左右，取出后，让风吹干，葬于干燥的沙丘中就可以了。

知识链接

木乃伊是一种经过特殊处理的尸体，人们也叫它干尸。它原来的意思是沥青，指的是一种不会腐烂的、干枯的尸体。在人们所发现的木乃伊中，要数埃及的时间最早。

神奇古都底比斯

在埃及的卢克索和卡纳克一带，有座神秘的古城遗址备受世人青睐。这座古城的规模空前宏大，是当时世界上无与伦比的大都市，它就是《荷马史诗》中称之为“百门之都”的神奇古都底比斯。

沉睡千年的古城

公元前2000年左右，古埃及第十二王朝开创者门内姆哈特一世从底比斯迁都至李斯特，不过生活在底比斯的贵族仍然为阿蒙神和统治阶级兴建巨型纪念性建筑物。从那以后，直到公元前1580年，古埃及统治阶级都没有在底比斯定都。公元前1790年到公元前1600年之间，古埃及遭受到喜克索斯人的入侵，喜克索斯人席卷整个古埃及并定都阿瓦利斯城，底比斯由此进入第一段衰亡期。

直到公元前1580年，阿赫摩斯一世才重新在底比斯建立都城，并且率领埃及人推翻了喜克索斯人的统治。底比斯随着阿赫摩斯一世建立的第十七王朝一起步入了古埃及新王国时代。直到公元前27年的那场灾难性的大地震，底比斯才重归寂静，沉睡在埃及大陆的沙漠戈壁之中。

世间罕见的奢华

新王国时期埃及人发动战争侵略其他国家，掠取大量财富和战俘投入到底比斯的建设中，他们在东底比斯建造无数雄伟壮观的神庙和宫殿。譬如总面积达5000平方米的底比斯阿蒙神庙主殿，里面的圆柱就高达21米，柱顶可容纳100多人，规模之大实属罕见。在西底比斯，法老们则修建了一系列工程浩大的陵墓，其中尤以著名的拉美西斯二世墓和图坦卡蒙墓最为豪华和壮观。

知识链接

底比斯横跨尼罗河两岸，尼罗河东岸部分叫东底比斯，是当时古埃及的宗教、政治中心；位于西岸的城区称为西底比斯，聚集着众多法老及权贵的陵墓。

法老和权贵们为了防止陵墓被盗，巧妙地将陵墓设计在山包里面。表面上看，那一座座山并不起眼，其实里面全部是建造得极其奢华的地下宫殿。法老们用这种方法在西底比斯的一个山谷里建造了成百上千座陵墓，这个山谷就是极负盛名的“国王之谷”。法老的陵墓中往往存放着多得令人咋舌的金银财宝，仅仅是图坦卡蒙陵墓所发现的金银财宝就至少值数百亿美元。新王国时期的埃及法老们的奢华程度由此可见一斑。

第十八王朝法老阿蒙霍特普四世看到了阿蒙神庙祭司们不断增加的财富对自己的统治造成了威胁，决定推行宗教改革，底比斯从此步入衰败期。第二十一王朝以后，随着统治集团的瓦解，外部民族的不断入侵，古埃及新王国日渐衰落。后来亚述军队入侵埃及，再次火烧和洗劫了底比斯，繁荣1000多年的底比斯蒙受了毁灭性的打击。公元前27年的大地震又将底比斯城仅存的一些纪念性建筑物毁于一旦。

美索不达米亚文明

在今天伊拉克一带，底格里斯河与幼发拉底河之间出现过人类历史上最古老的文明，被后人称为两河流域文明或者美索不达米亚文明。

诺亚方舟的传说

在《圣经》中有一个关于人类起源的美妙传说。上帝创造了天堂一样的伊甸园，接着又创造了人类的祖先亚当和夏娃。后来亚当和夏娃偷吃禁果被逐出伊甸园。流落在外的亚当和夏娃生了很多子女，他们的后代在广袤而荒芜的地球上繁衍生息。为了争夺食物，他们开始自相残杀，无休止的战争在地球上横行肆虐。上帝看到了人间的罪恶，后悔当初创造了亚当和夏娃，决定引发一场灾难来毁掉这一切。

为了应付大灾难，诺亚建造了一艘巨大的方舟，挑选最优秀的人和动物搭乘方舟。方舟建成之后，上帝引发了大灾难，瓢泼大雨连续下了几个月，陆地四分五裂被淹没在洪水里。除了方舟里的人和动物，世界上所有的生物都死了。后来，他们在尼罗河两岸以及美索不达米亚平原等地获救，建立了新的家园。

伟大的美索不达米亚文明

美索不达米亚文明起源于两河流域的南部。在6000多年以前，传说中得到上帝救助的人类祖先来到这里。他们在这里建立了最初的苏美尔文明。后来巴比伦人和亚述人融合进来，继承和发展了苏美尔人民的成就，使两河流域地区的美索不达米亚大陆成为一块强大而富足的大陆。

美索不达米亚人民拥有高超的智慧，他们创造了自己的文字，编写了人类历史上最早的农书《农人历书》。大约在5000多年前，他们就学会了陶器制作和金属冶炼。除此之外，他们还发明了太阴历和最初的圆周率，创造了人类历史上最早的数学几何。酷爱建筑和艺术的两河流域人民，还在美索不达米亚平原上建造了众多诸如巴比伦空中花园之类前无古人后无来者的奇迹。他们在文化上也有巨大的成就，创造了许多美妙的神话故事。

美索不达米亚文明早于古希腊文明2000多年之久，代表古欧洲最高文明的古希腊文明就是在它的基础上发展而来的。作为一个远古时期高度发达的人类文明，它为人类历史宝库留下了一笔丰厚的遗产。

数次起落的军事帝国

公元前4000年到公元前3000多年，美索不达米亚平原正处于群雄割据的时代，这就是最初的苏美尔文明时期。

公元前2500年左右，拉格什统一苏美尔文明各地区。公元前17世纪初，亚述占领由阿卡德北部至地中海的广大区域，统一了两河流域大部分地区。随着沙姆希·阿达德一世去世，亚述帝国进入第一次衰落期，直至公元前15世纪末叶，才又强大起来。随后，巴比伦第六代国王汉谟拉比征服了苏美尔人和阿卡德人，统一了整个美索不达米亚平原，建立了一个强大的中央集权制国家，成为整个美索不达米亚文明时期最强大的帝国。他在位期间所颁布的《汉谟拉比法典》是人类文明史上第一部较为完善的法典。古巴比伦帝国经济文化高度发达，特别是数学和天文学。公元前1750年，汉谟拉比国王去世。在他死后古巴比伦王国又延续了150多年，至公元前1595年为赫梯人所灭。

随后美索不达米亚文明又经历了数次起落，最终毁灭于波斯帝国的入侵。

刻在石柱上的法典

自从建立了国家，有了统治者之后，人们便懂得了使用有形的文字规定来约束自己的行为，管理自己的国家。这种有形的文字往往被记录在纸张或羊皮上，称为法律或法典，但是有些特殊的法典会被刻在石碑或石柱上。

时间
公元前1762年
地点
古巴比伦

重见天日

1901年12月，一支由法国人和伊朗人组成的考古队，来到伊朗西南部一个名叫苏萨的古城旧址。

一天，一块黑色的玄武石出现在他们眼前，考古队员们非常兴奋。过了几天，他们又发现了两块。当把它们拼合在一起，这三块石头竟形成了一个椭圆形的石碑。石碑上的内容分成两块，上半块是精致的浮雕，画着古巴比伦人崇拜的太阳神沙马什和国王汉谟拉比：沙马什端坐在宝座上，正拿着一把象征帝王权力的权杖授予汉谟拉比，汉谟拉比则恭敬地站在他的面前。石碑的下半块，刻着著名的《汉谟拉比法典》，是用楔形文字刻写的，这是世界上迄今完整保存下来的最早的一部法典。它的出现，把我们带到了近4000年前的古巴比伦社会。

昨日重现

古巴比伦王国位于底格里斯河和幼发拉底河流域，大致在当今的伊拉克共和国境内。

公元前1792年，汉谟拉比成为第六任国王。与其他国王不同的是，他登上王位就制订了一系列征服计划，先后消灭了伊新、拉尔萨、马里等城邦，基本上统一了两河流域。

汉谟拉比宣扬君权神授，把君主的权力牢牢地掌握在自己手里。他勤于朝政，关心农业、商业和畜牧业的发展，并且花费了大量时间处理案件。到后来，由于每天要处理的案件太多，汉谟拉比实在是忙不过来了，他就让大臣们把一些法律条文收集起来，补充一些当时的习惯，编成了一部法典。法典被人刻在石柱上，竖立在巴比伦马都克大神殿里。那么，它究竟是怎样的一部法典呢？

以牙还牙，以眼还眼

《汉谟拉比法典》的很多条款都是用来处理自由民内部关系的。“以牙还牙，以眼还眼”是处理这些问题的基本原则。何谓“以牙还牙，以眼还眼”呢？打个比方说，两个自由民打架，一个人被打掉了牙齿，另一个人也要被敲掉牙齿；一个人被人剁掉了手，对方的手也要被剁掉。法典中甚至还有这样的规定：如果谁家的房子坍塌，导致房主的儿子被压死，那么建造这

知识链接

《汉谟拉比法典》一共有282条，分为序言、正文和结语三部分。法典主要包括诉讼手续、盗窃处理、租佃、雇佣、商业高利贷和债务、婚姻、遗产继承、奴隶地位等条文。

所房子的人就必须拿自己的儿子抵命。

但是，《汉谟拉比法典》对奴隶主、自由民、奴隶的规定是不同的：如果弄瞎自由民眼睛的是奴隶主，那他只要拿出一定数量的银子就可解决。如果奴隶不幸被奴隶主弄瞎，那这个奴隶就只能自认倒霉。

可见，《汉谟拉比法典》是维护奴隶主阶级利益、巩固奴隶主统治的工具。

楔形文字的传说

世界上许多国家都有自己的文字，这一现象在很久以前就已经存在了。楔形文字的历史相当古老，大概有500多种，可惜这种文字早已失传，已经没有人会识别和使用了，人们只能通过古人留下的文献来猜测和研究楔形文字的含义。

解开谜题

公元前6世纪，波斯皇帝冈比西斯二世率大军远征埃及。为了保住皇位，他在出征前派人秘密处死了自己的弟弟巴尔狄亚。可奇怪的是，他出发后就听说巴尔狄亚发动了叛乱。难道是闹鬼了？原来，这个巴尔狄亚是一个叫高墨达的僧侣冒充的。叛乱持续了半年，波斯国内人心惶惶。冈比西斯二世只得匆忙往回赶。哪知道在途中，冈比西斯二世病死了。一时间，波斯贵族们群龙无首，皇宫里乱成了一锅粥。

这时，一个叫大流士的贵族出面平定了叛乱，并且靠着阴谋手段登上了皇位。为了给自己歌功颂德，他命人把他平定叛乱的经过刻在郊外贝希斯敦村附近的一块大岩石上。这就是著名的贝希斯敦铭文，由楔形文字、新埃兰文和古波斯文三种文字组成。

时间
约公元前1500年
地点
波斯

1835年，法国学者罗林森意外地发现了这个铭文，并制成了拓本。经过长时间的研究，他终于译解了铭文中的古波斯文，然后又把楔形文字同古波斯文对照，从而读懂了楔形文字，解开了楔形文字之谜。

起源与发展

早在公元前4000年，苏美尔人在开发两河流域的同时，创造了楔形文字。之所以叫楔形文字，是因为它每一笔开始部分都较粗，而末尾部分都较细，样子就像木楔。

可是在古代美索不达米亚（希腊语的意思是两河之间的土地），人们最初使用的文字看起来并不像楔形，而只是一些平面图画。这些图画式的象形文字写法简单，表达直观，几个符号结合在一起就可以表达复杂的意思和抽象的概念，类似汉字造字法："人"和"木"合起来就是"休"，"眼"和"水"合起来就表示"哭"。

随着社会的发展，人们之间的交往增多了，想要表达的东西就越来越抽象和复杂。于是，苏美尔人对文字进行了改造。首先，他们增加了符号的意义，又把图形进行简化，一个整体通常用部分来代替就可以了。这样，象形文字开始发展成了表意文字。

知识链接

楔形文字传播的地区主要在西亚和西南亚。随着其词汇的扩大和完备，两河流域其他民族也采用了这种文字，甚至国家之间的交往书信和条约，也都用这种文字写成。

后来，苏美尔人连年征战，一些统治者为了歌颂自己的功绩，常命人把征战的过程记述下来。在记述的过程中，人们常会碰到一些专有名词，如攻占城市的统治者和城市的名字，为了把它们区别开，他们就开始使用发音符号。发音符号能够表达图形符号无法表达的介词、副词等文法和语法结构，使意思更加准确。经过这样变化以后，苏美尔人开始逐渐用楔形符号代替象形符号，最终创立了楔形文字。

苏美尔人的文字最早是写在泥板上，后来发展为刻写在石块上。后来，随着商业的发展，伊朗高原的波斯人又对楔形文字进行了改进，逐渐把它变成了字母文字。

失落的亚特兰蒂斯

亚特兰蒂斯，就是传说中失落的大陆——大西国，是一个科技发达、国盛民富的国度。后来，亚特兰蒂斯突遇灾难，整块大陆沉入海底，消失得无影无踪。

传说中的完美国度

时间
公元前10000年前
地点
亚特兰蒂斯

传说，古希腊爱琴海有一个物产丰饶、风景秀丽的岛屿。海神波塞冬在这个岛屿上游玩时，发现了一位美丽的少女，并深深地爱上了她。后来，波塞冬违背众神的意愿，娶了这位少女，结果被剥夺了神权。受到处罚的波塞冬在这个岛上建立起自己的国家。后来波塞冬将岛国分给儿子们统治，并确定长子为最高统治者。波塞冬的长子名叫亚特拉斯，所以人们就称这个国家为亚特兰蒂斯。

波塞冬和他的儿子们将亚特兰蒂斯建设成人间天堂。这里遍布奢华的神庙宫殿，石柱上镶嵌着光耀夺目的宝石，随处可见的广场和花园里都铺着光滑的大理石板。岛上的人民不用信仰上帝，也不用参加劳作，所有的工作都由自动运行的设备完成，大家每天自由自在地享受悠扬的音乐和甜美的食物。

不幸的是，这个令人向往的国家后来开始腐败，人民的心灵受到侵蚀，众神之王宙斯为了惩罚亚特兰蒂斯人的堕落，引发了地震和火山爆发，亚特兰蒂斯一夜之间沉没于海底。

失落的大陆在哪里

在远古时期，地球上或许真的存在过一块叫作亚特兰蒂斯的大陆，后来毁灭于一次大灾难，那么亚特兰蒂斯消失到哪里去了呢？

古希腊哲学家柏拉图说，亚特兰蒂斯位于“赫喀琉斯的砥柱海峡”。后经考证，柏拉图所说的地方就是西班牙和摩洛哥海岸之间的大西洋水域。

柏拉图之后，关于亚特兰蒂斯的地理位置众说纷纭。美国探险家罗伯特·萨马斯特按照柏拉图所述线索，推测亚特兰蒂斯应位于塞浦路斯南部海域。第二次世界大战前，英国考古学家埃文斯称克里特岛以北的小岛“席拉岛”就是传说中的亚特兰蒂斯。要是这样的话，它的面积和历史时间与柏拉图所述相差甚远。难道是柏拉图在说谎，抑或是他记错了？

时至今日，人们还没有弄清亚特兰蒂斯的准确位置，众多离奇的猜测让这个传说中强大而完美的国度披上了浓厚的神话色彩。

史前的文明国度

在古希腊的传说中，亚特兰蒂斯是世界上最强大和最富有的国度。亚特兰蒂斯人拥有高超的智慧，他们创造了高度发达的文明。

1967年，人们在疑为亚特兰蒂斯遗址的比米尼岛附近海域发现了著名的比米尼大墙，并且在随后的研究中发现比米尼大墙中竟然有类似水泥的物质。除此之外，他们还在百慕大以西的海底发现一座巨大的金字塔，它边长300米、高达200米，规模之大实属罕见。经研究，这些海底建筑物已有12000年之久。那么这些超越古代文明的物体到底是何人所造，来自何处，又为什么深埋于海底？人们不约而同地联想到失落的大陆——亚特兰蒂斯。

不过到目前为止，人类对亚特兰蒂斯的研究还处在推论和猜想的阶段，这个一直流传在神话里的失落的大陆是否存在，还有待继续研究。

知识链接

有一个叫英格丽特·本内特的人声称，自己前世生活在亚特兰蒂斯，并能够清楚地追忆前世的生活点滴。她所述说的大部分内容都类似科幻小说中的情节，比柏拉图的故事更加难以置信。

悠久的印度文明

印度，古代中国称之为“天竺”，意指佛教发源地西天。作为四大文明古国之一，印度在人类历史进程中扮演着重要角色，留下了丰厚的遗产。

印度文明的起源

关于印度文明的起源说法不一，有“苏美尔文明”说与“印度河流域”说，实际上，一种文明的起源并非局限一地。

在美索不达米亚文明高度发达的时候，生活在印度河以西的古印度人从苏美尔人那里学习到发达的农业知识。而在印度河流域，公元前5000年前就存在着众多新石器时代的村庄部落。后来这两部分依靠农业发展起来的古印度人聚集在印度河流域，经过长期发展形成了印度文明的雏形。

大约公元前3000年，古印度人在印度河流域建立起大型城市，经过长期的发展，这些城市积累了雄厚的资源，人们创造了自己的文化，学会了金属加工，在艺术、建筑以及城市规划领域拥有很高的成就。后来，这些城市之间经过吞并融合之后，慢慢形成强大的国家，昭示着古印度文明的开端。

种姓制度的产生

公元前2000多年前，众多来自欧非的部落涌入印度河中游，通过战争，他们占领了印度河中游大部分地区。这些经过长期融合而产生的部落被称为雅利安。大约在公元前1500年，雅利安人统一了印度河大部分地区，建立了一个相对发达的雅利安国家。随着社会经济的逐步发展，物产丰饶的印度河流域加快了雅利安文明的发展。公元前321年，雅利安人建立了空前强大的古印度王国，这一时期也被称为孔雀王朝，并在阿育王统治时期达到顶峰，与中国汉朝一起成为当时世界上最强大的国家。

后来，在雅利安人内部逐渐形成了“种姓制度”。古印度人民被分为从下到上的4个种姓等级。这些种姓之间都由森严的制度约束起来，各种姓之间不能正常流动。由于种姓制度这一消极社会形态的产生，导致了孔雀王朝的迅速灭亡。又经过几百年的演变，雅利安文明逐渐衰落，随着伊斯兰民族的入侵，1206年前后，古印度开始了德里苏丹王朝时期。但是由于雅利安人的长期统治，种姓制度根深蒂固，根本无法改变，使一度发达的古印度文明在后期陷入泥潭，发展缓慢。

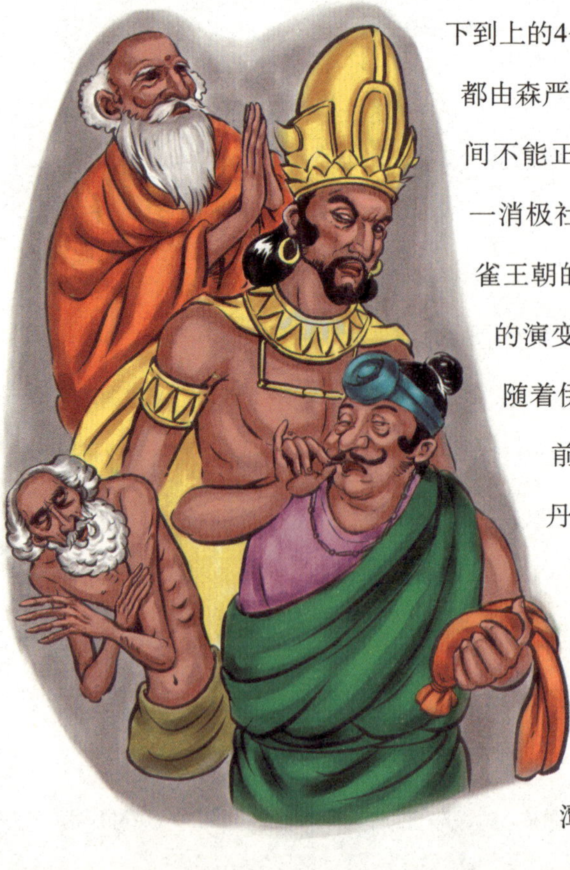

佛教之源

公元前600年左右，种姓制度让穷苦的印度人民备受摧残。这时，乔达摩·悉达多挺身而出，他创立了佛教，寻找人人平等的办法。佛教经过300多年的发展，到了孔雀王朝时期，阿育王发现佛教有助于自己的统治，于是佛教得到了发扬光大。乔达摩·悉达多后被尊称为释迦牟尼。

随后，佛教传入古代中国等许多国家，为这些国家和地区的文化艺术、政治制度注入了新的元素。

知识链接

孔雀王朝是古代印度摩揭陀国最著名的奴隶制王朝。因为其创造者旃陀罗笈多出身于孔雀家族而得名。孔雀王朝最著名的国王就是后来世人皆知的阿育王。

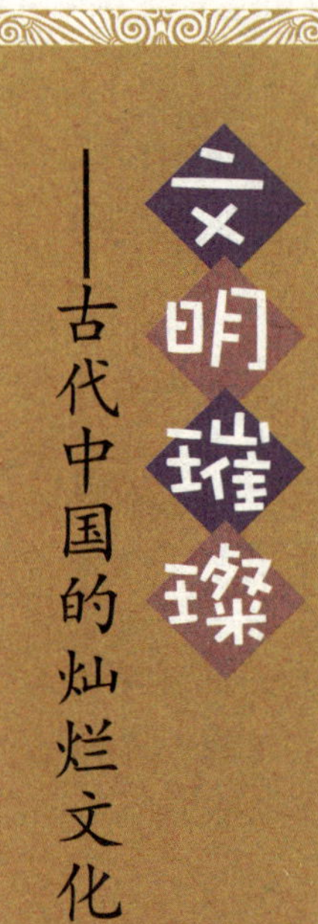

古代中国的灿烂文化是中华民族先人在自然改造、社会发展的过程中创造的物质和精神财富，体现了他们对人生、对社会、对自然的认识及感悟，充满了智慧。

走向世界的“四大发明”

中国是四大文明古国之一，科学技术方面的成就灿烂辉煌，其中的数学、农学、医学、建筑、天文历法等方面都在世界上占有一席之地，尤其是四大发明——指南针、造纸术、火药、印刷术，更是对世界文明的发展和进步起了重要的促进作用。

“司南”是指南针的始祖。战国时期，聪明的中国人就发明了指示方向的“司南”，它像一把汤勺，可以在光滑的“地盘”上旋转，当它静止时，勺柄就会指向南方。指南针在宋代的航海交通上已普遍使用，元朝时传入阿拉伯和欧洲各国。

东汉时期，蔡伦用廉价的原料改进造纸术，制成了质量优良的“蔡侯纸”。后来，造纸术传到朝鲜、越南、日本，唐朝时传到了中亚，又经阿拉伯传到了非洲与欧洲。

早在1000多年前，人们就利用硝酸钾、硫黄、木炭研制成火药。北宋时，火药被用于军事方面；南宋时又发明了管形火器“突火枪”。13世纪，火药与火器传入阿拉伯，后来传入了欧洲。

北宋平民毕昇经过反复试验，在雕版印刷术的基础上发明了活字印刷术。活字印刷术发明后，向东传到了朝鲜、日本，向西传到了埃及与欧洲。

美轮美奂的建筑

中国古代建筑，具有悠久的历史和辉煌的成就。修建在崇山峻岭之上、蜿蜒一万余里的长城，是人类建筑史上的奇迹；建于隋代的赵州桥，在技术和艺术上完美结合，是世界上现存最早、保存最完好的石拱桥；建造于辽代的应县木塔，高67.31米，是世界上现存最高的木构塔式建筑……

北京故宫是明清两代的皇宫，又称为“紫禁城”，是世界上规模最大的皇家建筑群，东西宽753米，南北长961米，面积达72.5万平方米，整个建筑被两道坚固的防线围在中间，外围是一条宽52米，深6米的护城河。故宫布局严谨，以一条中轴线为主，将主要建筑物布置在中轴线上，次要建筑物则布置在主要建筑物的两侧，东西对峙，宫殿巍峨雄伟，远远望去犹如琼楼仙境，气势宏大。

而中国古典园林则构思巧妙，有着独特的艺术风格，是中国建筑中一颗璀璨的明珠。园林在设计构筑中因地制宜，借用各种手法来组织空间，在不大的地方造成曲折多变、虚实相间的景观艺术效果；通过叠山理水、栽植花木、配置园林建筑，形成充满诗情画意的人文写意山水园林。俗话说，苏州园林甲天下，著名的有拙政园、留园、网师园和环秀山庄等。

艺术的国度

中国古代的艺术种类繁多，名家辈出，具有独特的民族风格。书法、绘画、戏剧等艺术门类齐全。绘画有传神写意的人物画、意境深远的山水画、形神兼备的花鸟画等；书法有刚健雄厚的颜体、飘逸奔放的“狂草”等；戏剧有唱念做打相结合，融音乐、舞蹈、文学于一体的京剧……直至今天，这些艺术形式依然有着强大的生命力。

古代文学更是艺术宝库中的夺目瑰宝，历朝历代都不乏才华卓越的文学家，他们创作出了一批批灿烂的文学精品。如先秦的《诗经》、诸子散文、楚辞汉赋、唐诗宋词、明清小说等。它们先后相继，又一脉相承，各领风骚数百年，构成中国文学的壮丽画卷，对中国乃至世界影响深远。

第 2 章

聊聊西方的文明

西方文明的先行，让我接触到了新鲜事物的美好。它的诞生，让世界向前迈进了一大步。不论是温泉关的大战、萨拉米的海战、特洛伊木马攻城，还是古希腊的人文制度，都为我们提供了非常有价值的历史文献。

尚武的斯巴达

斯巴达是古代希腊著名的城邦之一。所谓城邦，就是以城市为中心、周围是乡镇的国家。斯巴达人是多利亚人的一支，他们统一了本土以后，成为统治阶级。而希洛人是被征服的土著，成为奴隶。

斯巴达的崛起

斯巴达位于希腊半岛南部的拉科尼亚平原。拉科尼亚三面环山，中间有一块小平原，这里土质肥沃，农业发达。“斯巴达”原意就是“可以耕种的平原”。大约在公元前11世纪，多利亚人南下侵入拉科尼亚，建立了斯巴达城，而定居在此的多利亚人就被称为斯巴达人。

最初的斯巴达由4个村庄组成，规模较小。随后的几个世纪，斯巴达人不断向邻邦发动战争，征服了周围一些地区。到公元前8世纪，曾经强盛一时的美塞尼亚也被斯巴达人占领，从此，斯巴达成为古希腊最强大的城邦之一。

尖锐的阶级矛盾

斯巴达人在向周围地区的扩张过程中，往往把征服地的大部分原有居民变成奴隶，称之为希洛人。而斯巴达人都是奴隶主，处于统治地位。

希洛人社会地位很低。他们被固定在土地上，从事艰苦的农业劳动，每年必须把收成的一半交给奴隶主，过着半饥半饱、牛马不如的悲惨生活。有一首诗是这样描写希洛人生活的：像驴子似的背着无可忍受的负担，他们受着暴力的压迫；从勤苦耕作中得来的果实，一半要送进主人的仓屋。而每当发生战争，希洛人还要被迫服兵役，而且往往被送去打头阵，充当炮灰，用自己的生命去消耗敌方的兵力。

斯巴达人残酷的压迫最终使希洛人忍无可忍，他们多次发动武装起义进行反抗。其中以公元前464年的一次起义声势最为浩大。当时斯巴达发生了剧烈地震，社会秩序大乱，希洛人趁机举行大规模的暴动。起义军一度直逼斯巴达城下。斯巴达人见无法控制局势，不得不请雅典奴隶主出兵支援。这次起义一直坚持了10年之久。

知识链接

古代希腊的城邦中，如果按照实力的强弱来排名，雅典位于第一，是古代希腊文明的中心，斯巴达位于第二。斯巴达人经常对外发动战争，因此希洛人的军役负担十分沉重。

尚武的国度

由于斯巴达国内阶级矛盾突出，而斯巴达人数量较少，为了维持对希洛人的压迫与剥削，也为了对外扩张，斯巴达人需要一支强大的军队。因此，他们一般不从事农业生产，也不经营工商业，基本上过着集团性的军事生活，整个斯巴达城邦就是一个巨大的兵营。

为了培养崇尚武力的精神，实行严格的军事集团生活，斯巴达人做了许多强制性的规定：

当斯巴达的婴儿呱呱落地时，就会接受严格的体格检查，长得不壮实的、有疾病的，就抛到荒郊野外让野兽吃掉。

男孩子长到7岁，就必须离开父母，到少年团队里去接受军事训练。他们对首领绝对服从，平时练习跑步、拳击、掷铁饼、击剑、徒手格斗等，为的是增强体力、勇气和残忍性。每年在节日敬神时，孩子们还要被皮鞭狠狠地鞭打一次，他们跪在神殿前，任由火辣辣的皮鞭如雨点般落下，即使被打得遍体鳞伤、疼痛难忍，也不许喊叫、求饶，以训练其服从性和忍耐性。

在军事训练的同时，斯巴达人还向儿童灌输希洛人低贱、斯巴达人高贵的观念。教官常在儿童面前任意侮辱和鞭打希洛人，甚至带他们参加直接屠杀希洛人的行动。

男孩到12岁，就编入少年队。他们的生活更严酷了，光头赤脚，无论寒暑只穿一件外衣。平时他们食物很少，因为斯巴达人征战常常不带军需，因此鼓励他们各显神通，比如偷窃。如果被人发现，回来就要挨重罚。传说有一个少年，偷了一只狐狸藏在胸前，狐狸在衣服内不停地咬他，但为了避免被人发现，他咬牙坚持，不动声色，直至被狐狸活活咬死。这件事在斯巴达广为传颂，人们认为这个少年是意志坚强的典范。

在年满20岁后，斯巴达男青年正式成为军人。由于斯巴达的战术是方阵，为了保证战斗中方阵的阵形和灵活运用，战士的长期操练是十分重要的。因此，从20岁到30岁，每个男青年都要接受这种训练。过了30岁，他们才能结婚成家。成家后，他们每天依然要参加军事训练，直至60岁时退伍，但仍保留预备军人的义务。

斯巴达人轻视文化教育。青少年只要求会写便条和命令就可以了。同样，斯巴达人轻视自然科学、文学艺术。斯巴达城里，几乎看不到一座宏伟的建筑物，流传后世的精美艺术品也没有一件出自斯巴达人之手。

这就是世界历史上著名的尚武国——斯巴达。凭借着独特的军事社会制度和尚武精神，斯巴达人建立了古希腊最强大的陆军，随后他们依靠自身的军事优势，打败雅典，成为霸主。然而，它除了军事力量强大以外，在经济、文化等方面却没什么成就和发展。比如，它的工商业就很落后，从他们使用的货币就可以看出来。斯巴达的钱币粗糙而笨重，数目略大一点，就需要用车子来装。

这样一个纯军事化、穷兵黩武的国家注定不会长久，随着内部贫富分化，其军事制度逐渐崩溃，军队战斗力日益下降，最终斯巴达被新兴的马其顿人征服，尚武之国从此在历史长河中消失了。

悲壮的温泉关之战

公元前480年，斯巴达勇士在温泉关以全体阵亡的代价阻击波斯百万大军三天三夜，用他们的血肉之躯延缓了波斯军队的入侵。这就是历史上著名的温泉关之战。

壮士一去不复返

两次侵略希腊均告失败之后，波斯国王含恨去世，新即位的薛西斯积极扩充军备，誓死带领波斯军队踏平雅典，占领整个希腊。

薛西斯集结几十万军队向温泉关进发的那一天，希腊联军大营高高地升起了旗帜，广场周围站满了神情凝重的斯巴达士兵，斯巴达国王列奥尼达正在挑选敢死队前往温泉关镇守关口。

列奥尼达把年轻的士兵赶走了，他知道这次出征温泉关必定有去无回，所以他要挑选那些有了儿子又不需要照顾老人的士兵。列奥尼达率领自己挑选出来的300个斯巴达勇士，头也不回地朝温泉关绝尘而去。

时间
公元前480年
地点
古希腊

噩梦一样的战争

交战第一天，薛西斯派使者传话，要列奥尼达乖

乖投降，否则波斯军队的口水就可以淹死他们。见波斯人如此狂妄，希腊联军杀了薛西斯的使者。薛西斯立即派5万精兵围攻温泉关。由于温泉关地势险要，是一夫当关、万夫莫开的绝佳防御点，5万波斯军队整整围攻十几个小时，丧失了几千兵力，也只杀了两名希腊联军。这让薛西斯大为光火，他拍着桌子咆哮：“这些人怎么这么顽固！”

第二天，薛西斯又增加了2万兵力，还是无功而返。到了第三天，温泉关附近的一个叛徒为了讨好薛西斯，透露了一个包抄希腊联军的小路。薛西斯立即派几万士兵从后面包抄过去。两面受敌的希腊联军军心开始动摇，一些其他城邦的士兵向波斯人投降了。但杀红了眼的薛西斯看也不看，直接命令手下把这些俘虏全部给杀了。

最后只剩下以列奥尼达为首的几百名斯巴达勇士与700名塞斯比亚勇士在奋勇抵抗。他们抵挡了一次次攻击，杀死了不计其数的波斯士兵，这些尸体堆在小路上就像一座座小山包。第四次，波斯军队终于攻上山头，杀了列奥尼达。最后在清理斯巴达士兵的时候，薛西斯简直惊呆了，顽强地抵抗了三天三夜，杀害了成千上万波斯士兵的原来就只有300人。薛西斯胆战心惊地看着这300具血肉模糊的尸体，说：“这就是一场噩梦，难道所有的斯巴达人都这么顽强吗？”

英勇不屈的信念

时至今日，在希腊温泉关口仍矗立着一个石狮纪念碑，上面为赞颂斯巴达勇士这样写道："异乡的过客啊，请带话给斯巴达人，说我们忠实地履行了诺言，长眠在这里。"虽然希腊人在温泉关打了败仗，但是这一战成为西方历史文学中长久不衰的主题，这个悲壮的故事被书写成多种文字，流传到世界各地。人们赞美和歌颂这些视死如归的希腊英雄，他们英勇不屈的信念将永世长存。

萨拉米海战的奇迹

萨拉米海战是希波战争的重要部分，是整个战争中最后和最关键的一战，也是古希腊文明的重要转折点。

破釜沉舟之势

雅典取得马拉松平原之战的胜利后，波斯军队暂时撤离了古希腊。不久，波斯国王薛西斯卷土重来，占领已经全城逃亡的雅典。薛西斯对只占领了一座空城极为恼怒，怒火中烧的他一把火就把雅典给毁了。

与此同时，古希腊海陆两军损失惨重，为数不多的海军舰队则利用波斯军队火烧雅典的机会偷偷转移至萨拉米海湾。

妙计借兵求围

雅典海军转移至萨拉米岛不久，波斯军队就占领了整个雅典，希腊帝国的生死存亡，危在旦夕。没过几天，雅典军中就开始谣传波斯军队已经包围了萨拉米岛，一时间人心惶惶，有些士兵甚至趁着夜深人静的时候逃走了。

这一天清晨，特米斯托克里查看军情。他站在船头，望着眼前的大雾，想着在对面虎视眈眈的波斯舰队，脸上闪过一丝不易察觉的无奈。他十分清楚现在的状况，仅凭所剩的300多艘舰船是不可能从波斯海军身上讨到一丁点儿便宜的。

这时，海湾出口不时传来惊呼和惨叫。他知道，肯定又是些逃兵，还没在船上坐稳就撞在海礁上一命呜呼了。想到这里，特米斯托克里灵机一动，冒出个妙计。到了晚上，海上又降下大雾，特米斯托克里吩咐几个士兵扮作逃兵跑去告诉薛西斯，说雅典海军产生了内讧，在萨拉米海湾里面打得不可开交，所以他们才逃了出来。薛西斯信以为真，吩咐舰队将海湾出口里里外外堵了个严严实实。这下，雅典军中准备逃走的士兵没了退路，只好听从特米斯托克里的指挥，誓死一战。

知识链接

萨拉米海战的胜利是整个希波战争的转折点，第二年，希腊联军就在普拉提亚一带一举歼灭波斯军队的残余，获得了希波战争的全面胜利。

以少胜多的奇迹

特米斯托克里依靠妙计骗薛西斯将萨拉米海湾围了起来，自己则在海湾里面按兵不动，吩咐士兵在海湾入口布下陷阱，守株待兔。

薛西斯围着海湾入口一连好几天不见动静，以为雅典军队已经自相残杀消耗得差不多了，就将1200多艘舰船浩浩荡荡地开进了萨拉米海湾。

谁知萨拉米海湾入口狭隘，又遍布暗礁，加上雅典军队的埋伏，不熟悉情况的波斯舰队顷刻损失过半。接着，早已视死如归的雅典海军在主帅的带领下冲向波斯舰队，进退两难的波斯舰队被雅典舰队冲得七零八落，加上海湾外刮起了飓风，波斯军队溃不成军。

薛西斯这时才恍然大悟，为躲避其他希腊残余兵力的堵截，他只好率领残余部队仓皇而逃。这就是古希腊历史上著名的以少胜多的战役——萨拉米海战。

伯里克利与“黄金时代”

伯里克利是古代雅典最著名的政治家之一，是古希腊奴隶主民主政治的杰出代表，他所治理的雅典空前繁荣，被誉为“希腊文明的黄金时代”。

超凡脱俗的大度

伯里克利第一次当上雅典首席将军的傍晚，在回家的路上遇到了一直反对自己的西门。西门一路上用极其尖酸刻薄的话来刺激和辱骂伯里克利。他指着伯里克利说：“你这个人真是疯得不可救药，你别忘了你自己是个贵族，竟然为这些下贱的百姓说话！”伯里克利当然不会理会这种人的胡搅蛮缠，西门见伯里克利一声不吭，就跟在后面继续谩骂，一直尾随到伯里克利家门口。

伯里克利抬头看了看天色，怕西门这么晚回去看不见路，就吩咐自己的仆人拿了根火把给他。西门是出了名的反对派，只要是伯里克利提出来的东西他一律反对。连这样的人他都能够如此大度地忍让，可想而知伯里克利的心胸有多么宽广。这也是为什么雅典民众一直都拥戴他，让他一直连任首席将军到死的原因。

知识链接

伯里克利出身雅典名门，父亲是雅典舰队司令官。他从小就受到了良好的教育，在好友阿纳克萨格拉斯的熏陶下，具有高尚的情操，为人处世非常大度。

廉洁奉公的人民公仆

伯里克利的节俭是出了名的，自从当上首席将军以来就没参加过贵族之间的宴会了，他觉得，要是贵族们把这些时间和金钱都花在雅典的建设上来，雅典很快就会成为最强大的国家了。

只有一次例外，他十几年来首次答应参加别人的宴会，因为这次宴会是他侄子的婚礼。他提前很早就到了婚礼现场，跟亲戚好友道喜之后就赶紧离开了现场，甚至连一口酒都没有喝上。别人问他："你怎么能够连自己侄子的婚礼都不参加呢？"伯里克利说："我去过就可以了，参加婚礼不一定非要等到喝酒啊，我还有这么多的事情要办呢。"

雅典人民形象地描述，伯里克利最喜欢的宴会就是和人民群众讨论生活疾苦，以及在议会大厅上谈国家大事；伯里克利最熟悉的路就是从家去中心广场和议会大厅的路。

希腊文明的黄金时代

在伯里克利参与国家建设的初期，雅典由腐败成性的战神山集团统治。刚正不阿的伯里克利和艾菲阿尔特斯一起揭发了战神山成员滥用职权、贪污腐化的行为，推翻了顽固派客蒙的统治。被民众推选为首席将军的伯里克利把自己所有的时间和精力都花费在雅典的建设之中。他代表大部分中低层民众的利益，废除了战神山，将国家权力分发给公民大会以及500人议会。他鼓励学者们在文化艺术和科学技术方面的研究，使古希腊文明在这一时期达到顶峰。除此之外，他还积极与邻国结盟共同抵抗外敌的入侵。在伯里克利的精心治理下，雅典成为整个古希腊经济贸易、文化艺术中心，国力空前雄厚，这一时期也被后人称之为“希腊文明的黄金时代”。

伯里克利晚年陷入反对派的长期围攻和诽谤中，后来鼠疫又夺走了他的两个儿子，这让他身心俱焚，到最后他也没能抵挡住病魔的袭击，含恨病逝。伯里克利为古希腊文明做出了伟大贡献，他也随着“黄金时代”的美名流芳百世！

特洛伊木马计

公元前12世纪，希腊人攻打特洛伊城，久攻不下。将领奥德修斯献上一计，把一批勇士装入一匹巨大的木马内，放在城外，假装撤退。特洛伊人以为敌兵已退，就将木马拖进城里。夜里，木马里的勇士跳出，打开城门，里应外合拿下特洛伊城。这就是后人津津乐道的木马计。

红颜祸水

世界上有太多的战争是因为女人而引起的，古希腊与特洛伊之间的战争也一样。这个有幸成为战争祸端的女人就是海伦。

大约公元前12世纪，斯巴达有户人家生了个女儿，取名海伦。长大后的海伦貌若天仙，成为全希腊最漂亮的女子。各国王子纷纷前来提亲，甚至为了一睹芳容不惜漂洋过海。后来海伦与年轻有为的斯巴达国王墨涅依斯成亲，成为一对令人羡慕的伉俪。

后来，特洛伊王子帕里斯来访。墨涅依斯和王后海伦盛情款待了这位尊贵的客人。传说帕里斯也曾深深着迷于海伦的容颜，他这次来访就是因为得到复仇女神的帮助过来拐走海伦的。海伦被风度翩翩的帕里

斯所迷惑，就在帕里斯离开的那天夜里，她鬼使神差地跟帕里斯一起逃走了。这对国王墨涅依斯来说简直就是奇耻大辱，他毫不犹豫地集结各城邦的兵力对特洛伊开战。

这场战争持续了整整10年，最后墨涅依斯依靠木马计战胜了帕里斯，成功夺回了王后海伦。在古希腊的传说中，这场旷日持久的战争还导致了复仇女神和智慧女神之间的战争。据说，起因仅仅是两个女神为了显示谁最漂亮。

当心希腊人造的“礼物”

话说由阿伽门农统领的希腊军队一路披荆斩棘杀到特洛伊城门前，谁知特洛伊城的防御坚若磐石，守备力量又雄厚，希腊人整整围攻了9年还是一无所获。到了第10年，足智多谋的奥德修斯想到一个妙计，为特洛伊人准备了一个出人意料的“礼物”——一匹大型木马。

奥德修斯在木马里面安排了一批足智多谋的士兵，还设置了几个机关，以保证不被发现。安排妥当之后，阿伽门农命令军队迅速撤离。第二天一早，特洛伊士兵发现希腊军队撤走了，只留下一匹巨大的木马和一个被遗弃的伤员。特洛伊国王帕里斯大喜，但又怀疑木马里面有什么玄机，准备放火烧掉，后来被俘的那个希腊伤员说，这个

知识链接

一直到现在，人们都对木马计津津乐道，比如英语中的红颜祸水（Helen of Troy）一词就来源于它，以及现在人们熟知的“木马病毒”，等等。

木马是带着火光从天而降的，希腊军队伤亡惨重才撤离的。帕里斯不相信，还是准备烧掉它，这时候，木马里面的士兵触动机关，几条巨蟒从木马里溜了出来把放火的士兵给吃了。

这一下，帕里斯对这个希腊士兵的话深信不疑，以为自己受到了女神的恩宠，就把这匹巨大的木马运进城里供奉起来。当天晚上，帕里斯举行了大型的庆祝仪式，祝贺自己得到了女神的礼物。士兵们忘我地唱歌跳舞，把战争忘得一干二净。

等特洛伊士兵庆祝完毕纷纷沉睡的时候，藏在木马里的希腊士兵全部跳了出来，杀死了守门的特洛伊士兵，与埋伏在城外的大部队里应外合，成功占领了特洛伊城。长达10年的战争终于结束，希腊人抢光了帕里斯的财产，夺回了王后海伦。从此，人们口中多了一条谚语“当心希腊人造的礼物”，提醒世人小心伪装的敌人已经深入自己的心脏。

梭伦的改革

梭伦，古希腊杰出的政治家、思想家和诗人。出身名门的梭伦，年轻时是一位商人和学者，因主张民主改革而受到希腊人民的拥戴，被誉为古希腊“七贤”之一。

行万里路，破万卷书

梭伦天性热爱自由，喜欢游学四方。他出生于古希腊雅典上层社会，从小就领略到上层社会的腐败。他自小博览群书，年纪轻轻就获得了“雅典第一位诗人”的称号。

后来由于家庭变故，梭伦只好一面读书一面经商。梭伦所写的诗一直广受欢迎，因为他的诗总是饱含对统治阶级的谴责和不满。他和中国古代伟大的思想家、教育家孔子一样胸怀远大理想，游说四方，遗憾的是，他的言论总是与统治阶级针锋相对，所以一直无用武之地。

虽然梭伦在早期没有取得什么成就，但是这段时期的游历经商生涯，不仅丰富了他各方面的知识和经验，而且使他充分了解到下层平民的疾苦，这对他一生的改革事业产生了深远的影响。

废除不公正法令

公元前5世纪，雅典与墨加拉因争夺萨拉米岛发生战争，后来雅典被墨加拉打败，只好将萨拉米岛拱手相让。除此之外，雅典统治者为了讨好墨加拉，还颁发了一条法令：任何雅典人不准随便提议夺回萨拉米岛，否则斩首示众。

正在四处游学的梭伦听到这个消息之后异常气愤，因为萨拉米本来就归雅典所有。他对统治者的懦弱无能很震惊也很无奈。后来，他开始在人群集中的地方装疯卖傻，让人们围观，然后用自己的诗歌来唤醒人们对萨拉米岛的怀念。他滔滔不绝地吟诗，终于唤起了雅典民众的爱国之情。后来，统治者被迫废除了这个极不平等的法令，还封梭伦为大统领，统率雅典大军与墨加拉开战。

梭伦依靠自己的聪明才智大败墨加拉，夺回了萨拉米岛。从此之后，他在民众中拥有很高的威望，为他之后的改革打下了坚实的基础。

改革弊政，安内而攘外

公元前594年，梭伦被任命为新一任首席执政官。上台的第一天，他就开始实施改革。那个时候的雅典遗留下来诸多历史问题。统治者甚至出台法律规定，若普通民众无法归还所借债款，财主就可以没收欠债者的土地，并且有权将欠债者的妻儿当作奴隶卖给奴隶主。

梭伦上任第一件事就是颁布“解负令”，同时还以拥有财产多少将人民分为几个等级，财产多的权利大，财产少的权利小，没有财产的不能够参加国家议会。这样一来，大大缓解了各阶级之间的矛盾，广大人民群众摆脱了卖身为奴的厄运，过上了幸福的生活。因此梭伦受到了广大人民的爱戴。

梭伦做完这些之后，就没有继续任职执政官，而是选择游学四方。虽然最后梭伦没有继续活跃在政治界，但是他所提出的许多平等条约代表着古希腊最先进的民主思想，为以后古希腊的政治民主化做出了巨大的贡献。

古希腊的民主制度

公元前6世纪，古希腊雅典的奴隶制民主制度发展到顶峰，这种代表广大中底层人民的先进制度使雅典一跃而成为古希腊最强大的城邦，而这段历史则被誉为“黄金时代”而载入史册。

陶片放逐

公元前508年的一天，一群群雅典民众围坐在中心广场上，有的激动万分，有的神情凝重，都不约而同地把目光投向站在广场中央的首席将军身上。

因为今天是投票的日子，500个议员小心翼翼地把陶片分发给所有参加投票的民众，大家把应该逐出雅典的人的名字写在陶片上，然后上交给议会。这些陶片都是匿名的，所以民众可以尽情行使自己的决策权。最后，一个恶贯满盈的贵族得到最高票数，在所有雅典民众的欢呼和咒骂声中被推上即将远离雅典的战船。

这就是古希腊著名民主政治家克利斯提尼所倡导的“陶片放逐”，它是古希腊奴隶制民主制度的全新开端。

用豆子来决定权利归属

克利斯提尼将先进的民主制度带到雅典，促进了雅典的发展，在短时期内就达到了攘外安内的目标，雅典城呈现出一片祥和安定的景象。后来，伯里克利当选为雅典首席将军。伯里克利是雅典民主制度的忠实拥护者，一上台就大张旗鼓地改革。他将克利斯提尼所开创的“陶片放逐”应用到议会的选举中，将国家的权力交给人民。在他拟定的选举规定中，500人议会每年换一次，但是雅典民众如此之多，而且每年都要换届，怎样才能在短时期内完成选举呢，这让伯里克利犯了难。

有一次，他在街上看见有人在卖豆子，金黄色的豆子在阳光下闪闪发亮。突然，几个黑色的豆子特别惹眼，一个妙计就这样在他心里诞生了。第二天选举的时候他就准备好两个箱子，一个箱子里面装的是参选人员名单，另一个箱子里面装的是豆子。选举司仪从第一个箱子里拿出一个人的名字，再从另外一个箱子里掏出一颗豆子。如果豆子是黑色的，这个人就成功入选，如果豆子是黄色的，那就只好等下次机会了。

最后，伯里克利把这种选举方法运用到司库员、步兵统领、骑兵等所有重要职位的选举中，让雅典成了他口中所说的“人民的国家”。

永载史册的民主制度

通过克利斯提尼和伯里克利的民主改革，雅典的面貌焕然一新。农民和手工业者的生产积极性被激发出来，古希腊各地的学者全部聚集在雅典，很快就使雅典成了古希腊的经济贸易和文化艺术中心。但是雅典的民主统治始终是为奴隶主阶级服务的，存在不可避免的局限性，大部分处于奴隶阶层的人民无法参选，更别提掌握国家实权了。不过雅典的民主制度改变了古希腊文明的历史进程，为雅典以及古希腊文明的发展做出了巨大的贡献，无愧于古代奴隶制民主制度的典范。

"历史之父"希罗多德

希罗多德是古希腊著名的诗人和学者。他诞生于古希腊的一个海滨城市，因著有西方历史上第一部史学著作《历史》而受到人们的敬重，被西方人誉为"历史之父"。

背井离乡的诗人

公元前484年，希罗多德诞生在小亚细亚的一个大户人家，父亲是个富有的贵族，叔父是本地一位非常有名的诗人。希罗多德从小就在历史方面表现出超乎常人的天赋，叔父倾尽毕生所学对他进行教导。

希罗多德的故乡是一座古老的海滨城市，这座城市是古希腊人很久以前向外扩张的时候所建立起来的。后来这个城市渐渐被统治者所遗忘，阴谋家夺取了这座城市。希罗多德的叔父发起了推翻篡位者的斗争。斗争受到血腥的镇压，那些坏蛋洗劫了希罗多德家，杀害了他的叔父，还把希罗多德赶出了故乡。虽然后来篡位者被赶走，希罗多德中途回去过一次，但又被上层贵族给赶了出来，从此开始了背井离乡的生活。

希罗多德去过许多地方，足迹遍布希腊各地。在旅途中，他一边考察各地的风土人情，一边记载每个地方的特色。后来希罗多德流浪到雅典，与政治家伯里克利、悲剧家索福克勒斯等人结下深厚的友谊。通过自己的努力和这些朋友的帮助，希罗多德成为雅典非常有名的诗人。公元前443年，希罗多德居住在意大利半岛的一个小城市，潜心投入到《历史》的写作当中。

史书先河——《历史》

希罗多德一到雅典，就对社会经济高度发达、文化艺术氛围浓厚的雅典着了迷。通过研究雅典民主制度的进程，他受到了启发，决心要把自己这些年所了解到的历史事件和人文资料写成一本书，用来警示后人。这本书就是《历史》。

作为西方史学第一本比较完备的著作来说，《历史》为人们留下了巨大的历史财富。全书大致分为上下两部，上部叙述了黑海北岸的色雷斯人、希腊城邦及波斯帝国的历史、地理、民族和风俗习惯等，并记述了希波战争爆发的原因；下部主要记述希波战争，从小亚细亚各希腊城邦举行反对波斯的起义，一直到公元前478年希腊人占领塞斯托斯城为止。

希罗多德在这本书中创造了叙述历史的新方法，秉持以实事求是的原则对历史事件进行批判和讨论。他还把史诗写作手法应用进来，为我们生动活泼地展示了古希腊20多个国家和地区的生活图景，如同古希腊的“百科全书”。

虽然希罗多德的《历史》没有写完就去世了，但他开创了西方历史著作的先河，为西方史学编著开辟了一个全新的时代。

客死异乡的史学泰斗

公元前425年的一天清晨，意大利南部的塔林敦海湾岸边高地上，一座新坟面向着大海。路过此地的人们，都会默默地朝这座新坟致敬，因为这里面长眠着伟大的诗人、历史学家——希罗多德。

在阳光明媚的图里奥伊，希罗多德倒在自己未完成的著作前。为了潜心写作《历史》，他从雅典搬到意大利南部的图里奥伊，流浪一生的史学泰斗到最后都没有魂归故里。虽然希罗多德去世了，但是他留下了伟大的《历史》，为整个人类史学发展做出了巨大的贡献。

知识链接

因为希罗多德的《历史》有相当大的篇幅在叙述古希腊与波斯帝国之间的战争和兴衰成败，所以《历史》有时也称为《希腊波斯战争史》。

“医学之父”希波克拉底

希波克拉底是古希腊著名医生，被尊称为西方“医学之父”，他所提出的体液学等观点对西方医学的发展起到了重要作用，被誉为“欧洲医学奠基人”。

不惧瘟疫的神医

公元前430年，雅典发生了可怕的瘟疫，许多人突然高烧、呕吐不止，最后全身溃烂而死。瘟疫席卷整个雅典，染上的人接二连三地死去，活着的人纷纷逃离家园，背井离乡。

这天清晨，雅典中心广场上又陆续倒下几个染上瘟疫的人，他们口吐白沫，在地上不停地抽搐和呻吟，四周全是没来得及掩埋的尸体。人们突然发现，有个人在死尸堆中跑来跑去，他时而驻足悲伤，时而安慰患者。见到这般凄惨的境况，他感到十分无奈，因为没有找到病因及解救方法，越来越多的人倒在瘟疫面前。

忽然，街角铁铺的熊熊炉火引起了他的注意，人们都惶恐不安，恨不得立即就从雅典飞走，这家铁匠铺的工人们竟然还在照常工作。经过仔细观察，他发现铁匠能够幸免于难就是火起了作用。他立即在全城各处燃起火堆，扑灭了这场惨绝人寰的瘟疫。

这个人就是希波克拉底，他出生于小亚细亚科斯岛的一个医学世家，一生都奉献于医学研究之中，他所创导的体液学等理论为推动西方医学发展做出了巨大的贡献，被称为西方“医学之父”。

伟大的体液学说

希波克拉底从小就跟随父亲行医，见过无数的患者因为相信巫术而不治身亡。他对此非常气愤，决心让人们远离宗教迷信的禁锢。

那个时候，医生们都信奉“神赐疾病”的说法，得了病的人不是立即就医吃药，而是请巫师祈祷神灵。

为了推翻“神赐疾病”的谬论，希波克拉底对人体进行详细的研究，指出人体是由血液、黏液、黄胆、黑胆这四种体液组成的。这四种体液在人体内保持平衡才能保证人体的健康。他认为，人之所以会得病，并不是神要降罪，而是周围的自然环境影响了体内这些液体之间的平衡，这个理论就是著名的“体液学说”。

希波克拉底臼床

时间
公元前460年－公元前377年
地点
古希腊

有一天，希波克拉底外出行医路过一户人家，正巧碰见一个巫医在给骨折的病人治疗。那个病人小腿骨折的地方鲜血直流，眼看疼得快晕过去了，可是巫医还

知识链接

希波克拉底认为，大面积外伤创口应该缝合起来，以促使伤口快速愈合。他的观点推动了医学的飞速发展，希波克拉底无愧于西方“医学之父”的称号。

要把伤者架起来祈祷神灵。

希波克拉底实在看不下去了，说：“你们这样真是荒唐至极，念念咒语就能够治好骨折吗？”

巫医说：“他小腿骨折是因为神给他下了咒，只要我们祈祷神灵除去恶咒，腿就会好起来。”

“那为什么你念了咒语，伤者还是晕死过去！”巫医说：“要不然你试试看？”

希波克拉底让伤者平躺在床上，帮他清洗好伤口，然后用几块木板固定和牵引小腿。没多久，这个伤者的断骨就复原了。

后来，人们为了纪念希波克拉底，就把用于牵引和矫形操作的臼床称为“希波克拉底臼床”。

“优秀学生”亚里士多德

亚里士多德是古希腊最伟大的哲学家、教育家和科学家，是柏拉图的学生，一生著作等身。他所建立的教育体系和一系列政治观点，对西方政治思想的发展产生了深远的影响，被恩格斯誉为“古代黑格尔”。

连柏拉图都嫉妒的人

公元前384年，亚里士多德出生于马其顿斯塔基拉，他的父亲是马其顿国王的御医，家境比较富足。亚里士多德从小勤学好问，这让他的父亲感到十分欣慰，托关系把他送到当时赫赫有名的柏拉图学院进行学习。柏拉图十分看好聪明的亚里士多德，尽心尽力地传授知识给他。长大之后的亚里士多德开始在许多领域崭露头角，取得了不少成就。后来他批判柏拉图的观点，这让师徒两人陷入长期的争吵。

有人问他：“你的老师柏拉图这么热爱和关心你，你怎么可以公开反对他？”

亚里士多德笑着说：“吾爱吾师，吾更爱真理！”

亚里士多德凭着这股追求真理的执着，让柏拉图深感不满，他开始指责亚里士多德不应该不听从他

的教诲。有一天柏拉图还找到亚里士多德的父亲，他说：“我要给亚里士多德戴上索套，这样狂放不羁的亚里士多德不是我们想要的。”这说明亚里士多德优秀的光辉已经盖过自己的导师柏拉图。

虽然亚里士多德和柏拉图在生活和工作中总是争论不休，但是他还是在柏拉图学院待了20多年直到柏拉图去世。他说：“老师是我一生的朋友，真正的朋友，是一个灵魂孕育在两个躯体里。”

幽默而风趣的导师

在公元前300多年的雅典城郊，人们时常可以看见一位白发苍苍的老者身旁围着一群青年。他们有时候坐在草地上欢快闲聊，有时候围坐在石桌旁激烈争辩。

年轻人问：“老师，您为什么说人有时候是最恶劣的禽兽呢？”

老者捋了捋胡须，微笑着说：“人在达到德行的完备时是一切动物中最出色的动物；但如果他一意孤行，目无法律和正义，他就成为一切禽兽中最恶劣的禽兽。”

经过这里的人都知道，哦，原来大学者亚里士多德正在给他的学生上课呢！

在自己的老师柏拉图去世之后，亚里士多德回到故乡，成为亚历山大的老师。辅佐亚历山大登上王位之后，亚里士多德就离开了国王，他觉得教育不是一个人的，而是全天下人的，所以他在雅典开办了自己的学校——吕克昂学院。亚里士多德宣扬教育必须与现实生活相结合，建立起德、智、体全面发展的教育体系，加上他为人和蔼，语言风趣，学生遍布各行各业，成为雅典乃至整个希腊最有名的导师。

知识链接

亚里士多德一生涉猎广泛，他在哲学、天文、物理、生物、逻辑、数学以及教育等方面都取得了后人无法超越的成就，所留下的著作多达几百种，内容涉及各个领域。

凄凉的晚年生涯

后来亚历山大大帝去世，雅典人开始攻击亚里士多德，因为他崇尚和宣扬不崇敬神灵的思想。亚里士多德被迫逃出雅典，回到自己的故乡避难，第二年夏天在凄凉中病逝，享年62岁。

奥林匹克运动会

奥林匹克运动会最早起源于古希腊，因举办地在奥林匹亚而得名。奥林匹克运动会现在已经成为了和平与友谊的象征。

奥林匹亚村

公元前884年，希腊的斯巴达城邦和伊利斯城邦为争夺奥林匹亚村爆发了战争。经过协调，两个城邦签订了停战条约，规定从此将奥林匹亚作为和平的圣地和竞技的场所。当时，古希腊的很多平民百姓都愿意参加体育竞技活动，因为那样可以锻炼出健美的体魄。而统治者们积极地倡导体育竞技，则是由于他们可以从浩大的竞技队伍中挑选身体健壮的士兵。

按照竞技会的规定，在运动会期间，整个希腊境内要实行“神圣休战”。如果有人违背这个规定就将受到惩处。人们通过参加竞赛活动，加深了彼此之间的了解，缓和了各城邦间的关系。

最初，运动会并不是统一组织的，而是分散在雅典、科林斯、奥林匹亚等几个地方进行，但是在奥林匹亚举行的运动会规模最大。到公元前8世纪，人们就开始集中在奥林匹亚举行运动会了。

不准妇女参加

公元前776年，希腊南部的统治者伊菲图斯组织了大规模的体育竞技活动，拉开了古代奥运会的序幕。他还规定每隔4年在奥林匹亚举行一次竞技大会，时间安排在闰年的夏至之后。

在最早的运动会中，竞赛项目只有约182米的短跑，后来逐渐增加了摔跤、掷铁饼、投标枪、赛马和赛车等。当时最受观众欢迎的是驾着马车赛跑的项目。但是参加这种比赛的人要有自己的马匹，在参赛前还要接受专门的训练，所以一般只有贵族才能参加。而其他的项目，除了那些曾经背叛国家和对神不敬的人，所有身体健康的希腊公民都可以参加。

而这里所说的公民，是指希腊的自由人，奴隶和外国人都不能参加，特别是妇女，不光是没有参赛的份，连看都有可能招来杀身之祸！原来，希腊人是非常敬重神明的，他们认为如果让妇女出席，是对神明的不敬。再加上当时的运动员大都赤身裸体，全身涂着橄榄油，妇女进去看的话有点儿不方便。

虽然有明文规定，但还是有人去冒险。公元前396年第96届奥运会上，就有一个名叫卡莉帕捷莉娅的寡妇，因为女扮男装参加了拳击比赛，被发现后依法判处了死刑。好在后来她的亲戚和儿子在这次比赛中都得了冠军，她才得到了特别赦免。她是平民中唯一一个逃过规定制裁的人。

而这些规定，似乎对那些王宫贵族并不起多大作用，像斯巴达王阿西格劳斯的妹妹库尼斯卡，仰仗着哥哥的权势，蔑视当时的比赛规定，私自参加了马车比赛，并成为古奥运会第一个真正的女冠军。

变更中的盛会

罗马帝国统治希腊后，奥林匹亚不再是唯一的竞赛地了，而且当时开始出现大量的职业运动员，这使希腊人对奥运会失去了兴趣。393年，罗马皇帝狄奥多西一世宣布基督教为国教，而基督教主张灵与肉分开，反对体育活动，所以古奥运会被认为是异教徒活动，在第二年即被废止。而奥林匹亚也在后来爆发的两次强烈地震中彻底毁灭，昔日繁荣的景象被一片废墟所代替。

1896年，在法国人顾拜旦的倡议和努力下，奥运会又在雅典恢复了，还

知识链接

奥林匹克运动会（简称奥运会）是国际奥林匹克委员会主办的包含多种体育运动项目的国际性运动会，每4年举行一次。

是每4年举行一次，但是在不同的国家举行，而且参加的选手也不再限定为希腊人。

如今，奥运会已经成为全世界瞩目的体育盛会，比赛项目和参赛的选手更多了。

奥运趣闻

● 调整食谱获金牌

美国的举重大力士保罗·安德逊在参加1956年的奥运会前，制订了节食的食谱，在6星期内，减轻了约27千克，最后获得了这项奥运举重的金牌。

● 虔诚的运动员

在1924年奥运会的田径比赛上，苏格兰运动员列杰尔获得了男子200米、400米的冠军。本来他还可能拿到100米金牌，但是因为他当时还是个神学院的学生，而比赛那天是星期天，所以，他放弃了100米比赛，虔诚地做礼拜去了。

● 外国人的东西不能吃

在汉城奥运会上，有一名古巴选手在接受兴奋剂检查时，被告知过不了关。他后来才想起有个外国人曾经给他吃过口香糖，于是几经周折找到那块口香糖的残渣，送去化验后，发现里面的确含有兴奋剂。这样他才证明了自己的清白。

百家争鸣

——春秋战国时期的诸子百家

春秋战国时期，是中国封建文化的发祥期。这个时期，是一个变革的时期，在思想文化开放的环境里，诸子百家学说诞生了，这对中华民族几千年的发展有着十分巨大的影响。

历史渊源

春秋战国，在中国历史上是一个风云变化的时代，无论是社会经济领域，还是思想文化领域都发生了激烈而复杂的斗争。在这样的社会变革中，各国之间的关系都是比较微妙的，几乎每天都发生着变化，今天有可能是朋友，明天说不定就成了敌人。各国的君王为了取得中原霸主地位，广纳贤士，采用各家思想使国家富强起来。这就给当时的社会大环境创造了一个宽松的文化氛围。正是这个原因，不同阶层的人，都纷纷对时事发表自己的主张和看法，这样，诸子百家就产生了。

面对实际的社会矛盾，一些有识之士纷纷提出了各自的见解和解决方法。他们推倒了“庶人不议”的思想，在对人、事及社会的探讨和争辩中，他们不再崇信“天道”，却在如何统一天下、治理国家和教化民众等方面形成了各具特色的学派。

百家争鸣

诸子百家指的是从中国先秦时期一直到汉代初期的各家各派之间的代表人物的思想和著作，例如儒家的代表人物有孔、孟，道家的代表人物有老、庄，墨家的代表人物有墨子，等等，诸子百家的思想不但影响着当

知识链接

有一天清晨，函谷关令尹喜看见有紫气从东而来，懂得天象的他知道有圣人前来，于是便立刻命人打开城门，亲自相迎，果然看见一个仙风道骨的老人，骑着一头青牛悠然而来，这就是老子。尹喜把老子留下来，请他写篇文章再走，老子欣然写了一篇文章，大约五千字，这便是《道德经》。写好这篇文章后，老子便坐上他的青牛继续西行，不知去往何方。这便是“紫气东来”一词的由来。

时的社会文化等各方面，对后世的影响也是意义重大的，其中儒家、道家以及墨家的影响最为深刻。

儒家的思想注重“重教化、轻刑罚”，他们觉得国泰民安的根本是教育，民风纯正了，所有的人都有着高尚的品德，社会就会安定了。在政治主张上，儒家认为君王只有实行了“周礼”，以礼治国，以德服人，方能实现理想的政治。

道家的思想认为，万物皆为大自然所造化。道家的理论以其创始人老聃的“道”学说为基础，用“道”来解释宇宙万物的本质和联系，天道无为，道法自然，一切都应当清静无为，任其自然，其政治主张也以“无为而治”为主。

墨家的思想主要以“兼相爱，交相利”为中心，把别人要当作自己，爱他人要像爱自己一样，作为墨家杰出代表人物之一的墨翟，他主张打破传统的思想和阶级观念，任用官吏首要的是官吏的才能，即“官无常贵，而民无终贱”。这和儒家的思想是针尖对麦芒的。

此外，其他学派的人物也针对一些社会问题四处游说，推行自己的政治主张，或著书立说，传授子弟。总而言之，当时人们的思想空前活跃，使得整个社会形成了一个百家争鸣的繁荣局面。

第 3 章

欧亚古国霸气崛起

文明唤醒了人类，人类也在文明中奋起向上。异军突起的亚述帝国、狂野争霸的波斯帝国，还有亚历山大大帝创建的传奇帝国，都让这些欧亚古国在历史长河中留下了浓重的一笔。

亚述帝国与“血腥狮穴”

公元前18世纪左右，亚述人在两河流域建立起自己的国家，到公元前7世纪，亚述通过长期的对外侵略，发展成横跨整个两河流域的强大军事集团。

异军突起的亚述人

公元前3000年左右，亚述人在两河流域中部建立起自己的城邦，公元前19世纪到公元前18世纪，亚述城邦吞并周围小部落发展成一个小王国。在之后的上千年间，亚述遭受到其他国家的入侵，一度衰落。经过低沉期后，公元前10世纪，亚述人东山再起，到公元前7世纪，亚述帝国版图横跨整个两河流域，定都于底格里斯河上游东岸的尼尼微。

这时期，古埃及王国已经是明日黄花，中途衰亡的巴比伦毫无竞争力，更别提已被海上民族击垮的赫梯国了，所以亚述帝国得以顺利扩张，称雄世界。

“血腥狮穴”尼尼微

公元前745年的一天，新上任的亚述国王提革拉·毗列色站在首都的城

墙上对即将出征的军队宣誓。在接下来的几年里他带领亚述军队打败了劲敌乌拉尔图，兼并了叙利亚，最后踏平整个巴比伦，确立了亚述在西亚的霸主地位。提革拉·毗列色血洗每个被侵略的城邦，抢光所有值钱的东西，把反抗者抓回去当奴隶，到最后实在没有什么东西可抢了，就一把火烧了这些城市，搜刮到的金银财宝，都被带回首都尼尼微。

受提革拉·毗列色的影响，后来的亚述国王都秉承了他这一血腥传统，对敌对城邦实行抢光、杀光、烧光的“三光”政策。最著名的当属辛那赫里布国王了，他将整个巴比伦城夷为平地不说，还一把火烧光了城市里所有的建筑。正是因为这些灭绝人性的行为，让世人对亚述国王的住所尼尼微城产生了恐惧，大家都戏称尼尼微里住着喜欢吃人的狮子，“血腥狮穴”由此而来。

知识链接

尼尼微是当时世界上屈指可数的繁华都市。这里有举世无双的皇宫大院，王宫里有长达3000米的浮雕。城市中的马路宽敞到可以同时通行四五辆马车，市中心的花园还有喷泉。

军事帝国的灭亡

亚述帝国是人类历史上第一个可以称为军事帝国的国家。几乎每一个国王都是好战分子，他们通过不断地发动对外侵略战争，建立起强大的亚述军队。经过辛那赫里布的极盛时期之后，亚述帝国发生内战，长期的内战迅速消耗了亚述帝国大部分国力，周边众多附属城邦纷纷独立。公元前612年，新巴比伦国王与米底联手攻破亚述都城尼尼微，亚述这个盛极一时的军事帝国自此灭亡。

尼布甲尼撒二世

亚述帝国被灭之后，巴比伦人重建新的国家，就是后来的新巴比伦王朝。提到新巴比伦就不得不提它最著名的国王——尼布甲尼撒二世。

英勇善战的少年

巴比伦人和米底人联合起来打败亚述之后，巴比伦人夺回了被亚述洗劫一空的巴比伦城，重建了新的王国。尼布甲尼撒的父亲就是新巴比伦的第一个国王。

为了巩固王权统治，尼布甲尼撒的父亲不断吞并和占领周围的邦国。尼布甲尼撒从小就跟着父亲南征北战，积累了丰富的战斗经验，加上他聪明绝顶，又愿意身先士卒，得到许多士兵的拥护。公元前607年开始，新巴比伦与古埃及在幼发拉底河上游不断冲突，此时已经体弱多病的老国王拉伯帕拉沙尔仍然率兵亲征，力图攘除外患。年少的尼布甲尼撒见状就对父王说："父亲，你何不让我试试！"拉伯帕拉沙尔见尼布甲尼撒信誓旦旦的样子心里很是高兴，说："好，那我就任命你为统帅，替父出征！"

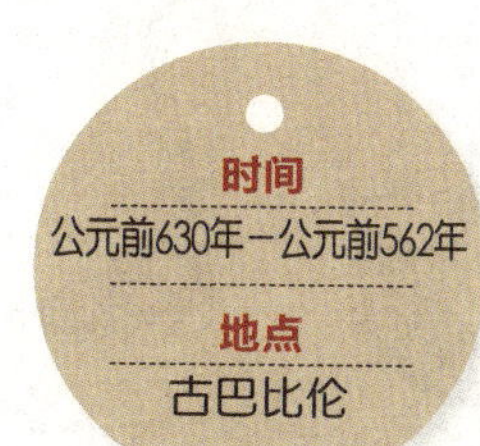

公元前605年，尼布甲尼撒第一次当上统帅就在哈

马什全歼人数和装备占绝对优势的埃及军队，从此戎马一生，屡建战功，带领新巴比伦跨入辉煌的尼布甲尼撒时代。

惨绝人寰的“巴比伦之囚”

尼布甲尼撒当上国王之后，马不停蹄地发动对叙利亚、巴勒斯坦等国的侵略战争，公元前602年，他成功地征服了这些地方，国力得到迅速提升。

公元前601年尼布甲尼撒再次与埃及交锋，这一战双方损失巨大，战后尼布甲尼撒撤军，回巴比伦休整。得知尼布甲尼撒损失惨重之后，犹太国王约雅敬乘势脱离统治，投靠埃及。

公元前598年，约雅敬去世，他的儿子约雅斤继位。得到消息之后的尼布甲尼撒立即举兵进攻耶路撒冷。毫无防备的耶路撒冷两月之内就投降于新巴比伦。尼布甲尼撒废了约雅斤，封约雅斤的叔叔西底家为新的犹太国王。没想到公元前588年，尼布甲尼撒举兵攻打巴勒斯坦的时候，西底家也背叛了他。他立即从前线抽回所有兵力把耶路撒冷城团团围住，整整围困了18个月之后，他才进入饥荒肆虐的耶路撒冷，杀了西底家的儿子，活捉了西底家，最后还把西底家的双眼剜掉，押回新巴比伦示众。

尼布甲尼撒临走之前还洗劫了耶路撒冷所有财产，烧毁全部的建筑，只要是活人就全部抓回新巴比伦当奴隶。

这就是著名的“巴比伦之囚”，展现了古代奴隶制国家统治者残暴的一面。

生于忧患，死于安乐

尼布甲尼撒通过自己的努力使新巴比伦重回巅峰，为了向世人昭示他是一个勤政爱民的好国王，他花费大量的人力物力重建了巴比伦城。为了讨好新娶的米底公主，他甚至在巴比伦城中建造起一座美轮美奂的空中花园，还有那高耸云端的巴别通天塔。尼布甲尼撒在奢华的贵族生活中迷失了自己，为了建造这些奇迹般的建筑，他耗费了太多国力，为帝国的覆灭埋下了祸根。

公元前562年尼布甲尼撒二世去世，新巴比伦陷入动荡，之后被波斯所灭。尼布甲尼撒是不可否认的军事和建筑天才，他创造了巴比伦人最后的复兴，可惜的是，那些宏伟而壮观的建筑奇迹早已随着滚滚黄沙湮没在沙漠深处。

“宇宙之王”居鲁士

他刚出生就被遗弃，在贫穷的农民家庭长大；他长大后夺回皇权，建立了疆域辽阔的帝国；他对自己的子民说：“我是世界之王，是最伟大的王。”他就是波斯帝国的开国皇帝——居鲁士。

曲折离奇的身世

有一天，米底国王阿斯提阿格斯梦见自己的女儿芒达尼的后代会夺走他的皇位。于是他把芒达尼嫁给了波斯王子冈比西斯，他认为冈比西斯那样懦弱的人是不会生出优秀的王子的。可后来阿斯提阿格斯又梦见芒达尼肚子里长出来的葡萄藤覆盖了整个米底。他立即做了一个决定，等芒达尼肚子里的孩子一出世就想办法弄死。

后来芒达尼生了一个小男孩，就是居鲁士。国王连忙派人把小居鲁士偷走，遗弃在荒郊野外让饿狼吞噬。有一个牧人路过，把小居鲁士捡了回去，正巧他的妻子生了个死婴，于是这对夫妇就收养了小居鲁士。这位牧人的妻子叫斯帕克，在米底语中“斯帕克”就是“母狼”的意思，所以后来传说称居鲁士是被母狼养大的。

虽然居鲁士并非母狼养大，但他从小就显露出只有狼才有的坚韧。他小时候就学会团结自己村子里面的小孩子来抵抗外村孩子的欺负，这些孩子戏称小居鲁士是他们的国王。

大义灭亲，建立帝国

居鲁士成为波斯首领之后，统一了周围零散的十几个部落，势力逐渐强大。起初阿斯提阿格斯知道自己的大臣哈尔帕格斯没有处死居鲁士，大发雷霆，杀了哈尔帕格斯的儿子，这让哈尔帕格斯一直怀恨在心。

公元前553年，居鲁士起兵攻打米底，通过哈尔帕格斯等人的帮助，他在公元前550年成功占领了米底，赶走了阿斯提阿格斯。

建立波斯帝国之后，居鲁士通过一系列战争征服了西边邻国吕底亚，占领了整个东伊朗以及中亚地区，建立起强大的军事帝国。公元前539年，居鲁士又凭借巴比伦内讧，举百万雄师一举打败强盛的巴比伦，建立起不可一世的波斯帝国。

饱饮鲜血，殒命草原

公元前530年的一天，硝烟四起的马萨格泰大草原上，一位身披战袍，

满身鲜血的女人，手提皮囊，在战场上一个一个地翻着尸体。她就是马萨格泰人的首领托米丽丝女王，她刚刚通过一场恶战全歼居鲁士的波斯大军。现在她要去割下居鲁士的头颅为自己的儿子报仇。突然，一个身披黄金铠甲，头戴皇冠的尸体映入她的眼帘。“我终于找到你了！”托米丽丝女王悲戚地喊道，然后斩下居鲁士的头颅装进手中的皮囊里面。这个皮囊里面装满了鲜血，因为在开战之前，居鲁士杀害了马萨格泰女王的儿子。女王向马萨格泰的主人太阳发誓：“无论居鲁士多么嗜血如命，我也要满足他的愿望，让他饱饮鲜血。”

虽然伟大的波斯帝王居鲁士殒命大草原，但是他受到了波斯人的敬重，人们运回居鲁士的尸体，安葬在故都帕萨迦底。后来灭亡波斯帝国的亚历山大东征至此命令军队绕行，足见这位不可一世的帝王在人们心中的地位！

知识链接

居鲁士攻占巴比伦之后没有禁止犹太人的宗教信仰，并且允许他们重建耶路撒冷，所以犹太人在《圣经》中夸奖居鲁士是“上帝的手足”，“上帝应允他降服列国”。

暴君冈比西斯

公元前530年，居鲁士战死沙场，他的与祖父同名的儿子冈比西斯继位成为波斯帝国的皇帝。冈比西斯是波斯历史上鼎鼎有名的暴君，残忍得令人发指。

生性多疑的暴君

有一天，冈比西斯问自己的大臣普列克萨斯佩斯："你说我是一个什么样的皇帝？"普列克萨斯佩斯小心翼翼地说："人们都歌颂您，但是……"冈比西斯说："但是什么？"普列克萨斯佩斯怕得罪冈比西斯，说："但是大家都说您酒喝太多了！"

冈比西斯恼火地说："怎么可能呢，上次还有许多人说我和父王居鲁士一样伟大，怎么现在又有人说我有缺点了呢？"普列克萨斯佩斯没敢作声。

冈比西斯打道回府，然后派人把普列克萨斯佩斯的儿子喊了过来，他对普列克萨斯佩斯说："你的儿子就在门外，如果我一箭射中他的心脏，那就说明说我不好的波斯人错了。如果我射偏了，那他们就说对了，是我失去了理智。"说完，他拿起弓箭，一箭射

中孩子的胸膛，把普列克萨斯佩斯的儿子射死了。冈比西斯狂笑：“很明显，是波斯人错了！”

以虐待俘虏为乐的暴君

公元前525年，冈比西斯攻占了埃及首都，俘虏了埃及的法老。为了显示威风，冈比西斯在孟菲斯举行了一场庆祝活动。他把埃及法老绑在广场中央，命令士兵给法老的妻儿们戴上奴隶的枷锁，用皮鞭驱赶他们拿着水桶去打水。这些贵族子弟们哪受得了这样的虐待，一个个哭嚎着从他们的父亲面前走过。这样的场景相当凄惨，连在场的波斯士兵都不忍多看，但是冈比西斯却乐得手舞足蹈！

后来冈比西斯率军侵占埃塞俄比亚，由于指挥不力，大败而归，回来的时候正值埃及人民的传统节日，一些埃及民众就在路边搭建起舞台快乐地唱歌跳舞。

冈比西斯见状大怒，说：“你看看，我们一打败仗了，这些人就开心起来！”

他以为埃及人在嘲笑他的失败，于是亲自率领士兵掀翻了埃及人的舞台，还把他们最崇拜的圣牛给杀了，让埃及人大惊失色。由于冈比西斯的胡作非为，许多人开始背叛他的统治，为波斯帝国的灭亡埋下了祸根。

悲惨的结局

公元前522年，一个叫作高墨达的人冒充巴尔迪亚王子的身份在首都埃克巴坦纳发动政变，自称为王，并且获得了较高的呼声。

远在埃及的冈比西斯得到消息之后，急忙召集军队准备回国。谁知在出征的第一天，他的佩剑不小心从剑鞘里面脱落出来在大腿上划了很大一道伤口。因此冈比西斯只好暂缓回国，另外派了几队人马急速回国镇压起义。不过，冈比西斯派出去的几队人马正好遇上沙尘暴，被滚滚黄沙淹没。由于埃及天气炎热，冈比西斯又癫痫发作，本来就不怎么敢接近他的大臣就逃得更远了。冈比西斯缺少治疗，伤口严重化脓，没撑到20天就一命呜呼了。

知识链接

父亲居鲁士去世之后，冈比西斯怀疑自己的亲兄弟巴尔狄亚会跟他抢皇位，就在一天深夜派人把巴尔狄亚给杀了。皇后因为这件事规劝了他几句，生气的冈比西斯把皇后也杀了。

大流士改革

高墨达当了不到8个月的皇帝就被波斯的几个贵族合谋给杀了，这7个贵族当中有一位叫作大流士的人后来当上了波斯国王，并且通过一系列改革创新，使动乱数年的波斯帝国重回巅峰。

乱世称雄

暴君冈比西斯死了之后新国王登基，大家不约而同地发现一个问题：为什么新国王上台将近8个月了还没有以真面目示人？

有一个叫欧塔涅斯的大臣发现，原来新国王是以前被冈比西斯割掉双耳的高墨达。欧塔涅斯马上把这个消息告诉了另外6个贵族，这6个贵族当中就有后来成为波斯皇帝的大流士。

这一天，他们7个杀了高墨达之后，为了争夺皇位吵得不可开交。中途有个人退出皇位竞争，但剩下来的6个人继续争吵。

大流士心生一计，说："这样吧，明天清早，咱们都骑战马到广场上来，谁的马最先开始嘶叫，谁就当皇帝！"

其他5个人又想不到什么好办法，都同意了大流士的方法。

等他们都离开了之后，大流士立即派人给其他人的战马下药。第二天一

早，所有的战马中只有大流士的马在嘶叫，他凭此成功地当上了波斯国王。

虽然大流士依靠小聪明当上了国王，但是此时的波斯帝国十分混乱，几个附属城邦吵着要独立，朝中重臣一盘散沙，显然就是一个烂摊子。不过他并没有退缩，而是花费了整整一年的时间，前后进行了18次大小战役，扭转了波斯帝国摇摇欲坠的趋势。

改革政令，重回巅峰

大流士重新统一波斯之后，立即实行了一系列的改革。公元前518年始，大流士对原有的统治机构和古老的军事组织实施了一系列改革措施，史称“大流士改革”。大流士最先着手梳理政权分布，设立总督、将军、司税员三大部门，这三大部门各负其责，互相监督。同时，他还在身边设置一个监督人，这个监督人整天游走在三大部门之间，为大流士汇报所有消息。如此一来，国家政权高度集中，使大流士管理起来得心应手。

在加强中央集权的同时，大流士还改革税制，明确规定了各

省各城邦每年需要贡赋的数额，严格控制贵族税收的力度，使国家富有，农民脱离重负。为了更好地控制周边的附属城邦，大流士还提倡统一货币。

通过这一系列的改革，大流士不仅完美地控制住国家的统治权，还加快了社会经济的发展，使四分五裂的波斯帝国迅速强大，重回巅峰。

励精图治，建立霸权

把国家治理得蒸蒸日上之后，大流士发现一个问题，以前他在故乡随时都可以吃到新鲜的海鱼，可是现在完全没办法吃到。于是，他下令建造了一条驿道，这个驿道上设有100多个驿站，每个驿站都有最好的快马，这样鲜鱼就可以以接力的形式快马加鞭送到皇宫，以至于希腊人羡慕地说："波斯王住在巴比伦还能吃上爱琴海的鲜鱼。"当然，大流士建造这条驿道并不只是为了吃鱼，这条驿道还大大改善了波斯的交通。此外，大流士还下令挖了一条尼罗河到红海的运河，这条运河就是现代苏伊士运河的前身。这样一来，波斯与印度和地中海各国的贸易交流变得通畅起来。

通过大流士的励精图治，波斯帝国迅速崛起，成为当时最强大的奴隶制国家。

亚历山大大帝

亚历山大大帝是古代马其顿的国王，是世界历史上最著名的政治家和军事家。他所创造的马其顿帝国，堪称前无古人，后无来者。

天赋异禀

有一年，一个卖马人给腓力二世带来一匹高大的宝马，几乎所有的驯马师都无法驯服这匹马。腓力二世见状无奈地对大家说：“驯服不了的话还是宰了吧！”

正准备喊人宰了这匹马时，一旁的小亚历山大出声了：“父亲，我要是能够驯服这匹马，你要答应把它送给我！”腓力二世嗤之以鼻，和周围的大臣一齐笑了起来。

小亚历山大也不说话，直接走过去把马牵到树荫下面，然后轻轻抚摸，等这匹马产生了充分的信任之后，他就突然一跃而起跨在马背上，成功地骑着高大的宝马驰骋起来。这让在场的所有人都惊得目瞪口呆，包括腓力二世。

初显峥嵘

公元前340年，腓力二世远征拜占庭，把国家交给

年仅16岁的亚历山大管理。这期间，马其顿北部边境的米底人发动叛乱，亚历山大果断地派兵镇压，驱散了叛乱的当地人，还下令组织了新的移民，巩固了这一地区的统治。

公元前338年，腓力二世攻打拜占庭受挫，雅典和底比斯城邦联合起来发动了反马其顿的大暴乱。腓力二世举兵镇压，双方兵力旗鼓相当，展开了拉锯战。此时刚满18岁的亚历山大又做出了一个惊天动地的举动。他率领一队人马突入希腊联军的后方，从背后给了敌人沉重的一击，使马其顿赢得了最后的胜利。亚历山大一战成名，马其顿人民甚至宣扬“亚历山大是宙斯的儿子”。

后来腓力二世遇刺身亡，年仅20岁的亚历山大通过一系列计谋，在重臣安提帕特的帮助下，铲除异己，成功当上马其顿国王。

征服波斯，雄霸一方

公元前334年，年轻的亚历山大开始了他的伟大征程。这一年他先是以少胜多从大流士手中夺取小亚细亚，接着又兵不血刃地拿下埃及。公元前331年，亚历山大在阿贝拉会战中大败波斯军队，占领波斯大部分地区，后又经过3年奋战，拿下东伊朗，随后开始往中亚推进。亚历山大短暂的一生也是戎马辉煌的一生，拿下整个波斯帝国之后，他开始重新规划自己的帝国版图。公元前327～公元前325年，亚历山大远征印度，大军推进到印度的海达佩斯河，与印度国王波拉斯夹河对峙。后来亚历山大在战争中完胜，但他却仁慈地释放了印度国王，让他继续统治印度。这也是为什么之后数十年间印度誓死效忠于马其顿的原因。

知识链接

亚历山大的父亲就是鼎鼎有名的腓力二世，在腓力二世南征北战期间，小亚历山大就跟随父亲左右，学得不少知识，从小就展现出非凡的战争天赋。

后由于大军厌战，亚历山大只好班师回国，回到波斯之后他就重新编制军队，准备继续开始新的征途。所有人都在猜测：这一次亚历山大要去征服阿拉伯、罗马、迦太基还是西地中海？可惜最终他哪里也没有去，公元前323年，亚历山大因病去世，终年33岁。

人类历史上能称得上大帝的寥寥无几，而亚历山大就是其中的一位，他用短暂的一生建立了版图横跨亚非欧的马其顿帝国，为后世留下了诸多无法超越的辉煌战绩。

千古一帝
——秦始皇统一六国

他是中国统一的秦王朝的开国皇帝，他使中国进入了多民族中央集权帝制时代。他是一个备受争议的帝王，但他的丰功伟绩却让他的名字流传于后世，他便是秦始皇嬴政。

统一中国

在公元前238年这一年，嬴政已经22岁了，他正式登上了王位。在随后的日子里，他除掉了吕不韦等政治上的敌人。在从政的日子里，他重用李斯等人。在军事和政治上，他对其余六国采取远交近攻的策略，一步一步地，有谋略地向六国发动战争。秦始皇十七年，秦国首先消灭了韩国，然后陆续消灭了赵国、魏国、楚国、燕国和齐国，最终把中国统一成一个多民族的大秦帝国。

为了更加集中自己的权力，秦始皇把国家变成了一个专制主义的中央集权国家，开启了中国封建帝制的先河。只有秦始皇自己才有至高无上的权力，一切决策皆出于他，大臣们只能参政议事。在国家管理方面，秦始皇在中央实行三公九卿制度，在地方上实行郡县制度。他还统一度量衡、货币、文字。在全国境内修建驿道，兴建水利，筑灵渠，并在六国原有长城的基础上修建起万里长城，以防范游牧民族的骚扰和侵袭。

秦始皇不仅一统中国，还使得当时的中国版图扩大到了如今的长江流域以南。后来，又不断地派遣军队向南开拓，一直扩展到了现今的越南的北部。

知识链接

天下刚刚统一，秦始皇认为过去的称号都无法显示自己的尊贵："如今我的名号再不更改，就不能显示我的成就，就不足以流传于后人。"担任丞相的李斯进谏说："上古有天皇、帝皇以及泰皇，其中，泰皇最为尊贵。"于是建议嬴政把名号改为"泰皇"。嬴政觉得这还有点儿不妥，于是将"泰皇"改为"皇帝"。自此，"皇帝"就成为中国古代最高统治者的称谓。

大兴土木

在没有统一六国之前，秦始皇就已经有不少宫殿了。后来在征战六国期间，秦始皇更是大兴土木。他每消灭掉一国，就要将这个国家的宫殿建筑在咸阳附近仿造一遍，数量达到了惊人的程度，整个关中地区，都是宏伟的宫殿建筑群。

秦始皇修建阿房宫的时候，据说每年征用的民夫都有好几十万人。宫殿之大甚至可以容纳十万人，在里面端酒菜都要用车马来运送才行。据司马迁的《史记》中记载，仅阿房宫的一个前殿就可以同时容纳上万余人。秦始皇还另外修建了一座宏大的工程——骊山墓，也就是秦始皇陵。骊山墓从秦王即位后就开始修建，前后长达30多年。骊山墓外围周长是2000米，高是55米。墓室内部装饰华美，以水银为江河湖海，以珍珠宝石为日月星辰，设置机关弓弩，以防盗墓者进入。

除此之外，秦始皇还建造了兴乐宫、梁山宫等诸多宫殿。

第4章

古罗马的传奇故事

在人类的发展进程中，罗马占有着举足轻重的地位。“母狼育婴”诞生了罗马城，斗兽场掀起了战争与厮杀，恺撒大帝将罗马辉煌推向了顶峰，等等。罗马的故事，代代相传，津津乐道。

白鹅拯救罗马

罗马古城一直受到动物们的眷顾，母狼养育了罗马城主，而一向温顺的白鹅也在这紧要关头站出来保护了罗马人的安全。

遇上对手

公元前4世纪末，一直不肯臣服罗马的高卢人把进攻的地点选在了离罗马200千米的克鲁城。罗马元老院得知这一情况后，决定派3名使节去说服他们的首领高林，让他立刻退兵。谁知高林非常傲慢地说："你们这些愚蠢的罗马人，快滚吧！再过一段时间，我就要攻进罗马城，别在这里浪费口舌了！"

3名外交使节被高林逐出以后，立即前往克鲁城。其实按照外交惯例，他们是不允许这样做的，但是高林的羞辱让他们决定到城里去帮那里的将士出谋献策，杀杀高林的嚣张气焰。他们到达克鲁城以后，高卢的一个酋长也尾随前去探听消息，不料被一个擅长射箭的使节一箭射死。

高林听说以后，气得暴跳如雷，立即派人到罗马元老院要人，要求他们严惩派出的3名使节。但罗马元

老院不仅没有顺从他的意思，还把那3名使节选为罗马军事保民官。这更把高林气得要发疯，他咆哮着率领7万大军，直接向罗马发动了进攻。

惨遭围困

公元前390年7月18日，高卢人打到了离罗马城不远的阿里河。在那里，罗马大军和高卢人展开了一场血战。罗马大军被高卢人的气势给吓住了。那些高卢人像着了魔般挥舞着长矛和板斧，有的甚至砍下罗马士兵的手臂。罗马人被高卢人逼到河里，很多都被大水卷跑了。剩下的罗马士兵狼狈地逃回城里，由于慌乱，他们甚至忘了关城门。

高卢人见罗马的城门敞开着，以为是罗马人故意设下的圈套，就派探子去城里侦察情况。探子回来以后，说城里没有什么动静，他们就放心地冲进去了。罗马城在短短几天内变成了废墟。幸存的罗马人逃到了卡庇托林山冈。在那里，他们又遭到了高卢人的进攻，好在他们死死地固守住了自己的阵地。高卢人一时无可奈何，于是将他们围住，打算用饥饿和缺水来逼他们投降。

罗马的执政官曼里急得像热锅里的蚂蚁，他派一名叫波恩的年轻人去城外联系援兵。可是，波恩拽着藤蔓爬下峭壁后就被高卢人杀死了。

知识链接

公元前4世纪末，罗马征服了周围许多部落，成为一个势力非常强大的国家。可是，位于罗马西北部的高卢人却一直不肯臣服，还扬言要进攻罗马。

结束战争

一天深夜，执政官曼里突然被几声“嘎、嘎——”的鹅叫声惊醒。他立刻想到可能是高卢人从悬崖上爬了上来，赶紧拿剑冲向悬崖。

果然不出所料，当他赶到悬崖边时，一个黑影已经到了山上。曼里奋力把那个黑影推下悬崖，又拿剑把另一个高卢人给刺死了。听到动静的罗马士兵纷纷赶来，他们拿起武器，一鼓作气地把高卢人打下了悬崖。

赶走了敌人后，曼里又想起了那几声鹅叫，心里暗自庆幸：“要不是这几只鹅，恐怕我们现在都已成了孤魂野鬼了。”原来，那些白鹅是罗马人奉献给山上的女神庙的。因为被高卢人围困，这些没有吃饱的白鹅很容易受惊，它们一听到高卢人的动静，就惊叫起来。大家从曼里那里了解到这件事以后，都把自己的粮食拿出来赏给白鹅，表达自己的感激之情。

经过7个月的僵持，高卢人最后决定停止战争。得到1000斤黄金的赎金后，他们离开了罗马。

阿基米德的原理

阿基米德是古希腊最著名的数学家、物理学家和发明家，他所发现的浮力原理、杠杆原理等为人类科学发展做出了巨大的贡献，是人类伟大的科学家之一。

智破皇冠案——浮力原理的发现

有一年，叙拉古国王在外面做了一顶皇冠。拿回来之后他怕皇冠掺杂了其他金属，就称了一下，虽然重量上没有差别，但是国王还是将信将疑。

怎样才能弄清楚这个皇冠到底有没有掺杂其他金属呢？国王把这个问题交给了他的大臣，大臣们日思夜想，挠破头皮也无从查起。这时候有人举荐了大学问家阿基米德。国王给了阿基米德一个星期的时间，如果解答出来就会得到赏赐，若没有解答出来有可能要受到重罚。

阿基米德想了6天也没有想出办法，到了最后一天晚上，阿基米德意识到没时间了，不如好好洗个澡等待着国王的惩罚。阿基米德跳进澡盆，发现水在往外溢出，而且他还感觉到有一个力量在水中把他托起来。

他突然想到，何不用溢出水的办法来测量皇冠里面有没有掺杂其他金属？想到这里，阿基米德兴奋地跳出澡盆，大喊："我知道啦！"

阿基米德来到王宫，把王冠和同等重量的纯金放在盛满水的两个盆里，比较两盆溢出来的水，发现放王冠的盆里溢出来的水比另一盆多。这就说明王冠的体积比相同重量的纯金的体积大，所以证明了王冠里掺进了其他金属。浮力原理就这样被阿基米德发现了。

给我一个支点，我就能撬动地球——杠杆原理

公元前1000多年以前，古埃及人就知道利用杠杆搬运东西了，但是不知道杠杆的原理。阿基米德经过潜心研究发现了杠杆原理。他推断，只要能够获得足够长的杠杆，就可以用很小的力抬起很重的东西。后来他干脆就四处宣扬："只要给我一个支点，我就能撬动地球。"

国王不相信，问阿基米德："地球怎么能够撬得动？"

阿基米德就把杠杆原理告诉了国王。后来，阿基米德通过许多滑轮和杠杆组建成的机械，一个人就把国王所造的那艘全叙拉古人都推不动的大船推下水了。这下，人们就都相信了阿基米德的杠杆原理了。

百手巨人——发达的几何学知识

公元前215年，罗马统帅马塞勒塞率军攻打叙拉古。阿基米德运用高超的几何知识设计出投石机、铁爪起重机等先进的战争武器。

当马塞勒塞的军队准备攻城的时候，突然被雨点般的石头和飞镖打得抱头鼠窜。马塞勒塞命令士兵们都躲回战船里面，却看到叙拉古城墙里面伸出好多巨大的铁爪，这些铁爪力大无穷，轻易地就抓起罗马战船甩到岩石上，使罗马军队船毁人亡。

罗马人形象地描述阿基米德的这些创造是不可战胜的“百手巨人”。

经过3年的苦苦围攻，罗马人才攻破叙拉古城门，当时已经75岁高龄的阿基米德正在研究一道深奥的数学题，没有理会冲进来的敌人，杀红了眼的罗马士兵不认识这位满头白发的老头子就是罗马国王反复交代过要留下来的阿基米德，一挥斧头就把他给杀了。

旷日持久的布匿战争

公元前264年到公元前146年，罗马帝国与迦太基之间发生了长达数百年的战争，这场旷日持久的战争被分为3个阶段，因为罗马人称迦太基人为“布匿”，所以这场战争被称为“布匿战争”。

战争导火索——墨西拿事件

公元前3世纪，迦太基成为地中海西部强大的奴隶制国家，而罗马帝国经过几百年发展之后，于公元前3世纪统一意大利，与迦太基形成对峙。

在这之前的皮洛斯战争期间，叙拉古雇佣军中的一批意大利人强占了西西里岛东北端的墨西拿。公元前265年叙拉古出现内部纠纷，这批占领墨西拿的意大利人也分为了两派，他们分别求助于迦太基和罗马。迦太基海军力量强大，抢先一步占领了墨西拿。公元前264年罗马军队入侵西西里岛，先后占领墨西拿和阿格里琴托，迫使叙拉古与之结盟，将迦太基人赶回海上。开始，迦太基人因为有强大的海军做后盾，还能够与罗马一争高下；后来，罗马人想到一个妙计，大败迦太基舰队，迦太基被迫求和，割地赔款。这就是第一次布匿战争。

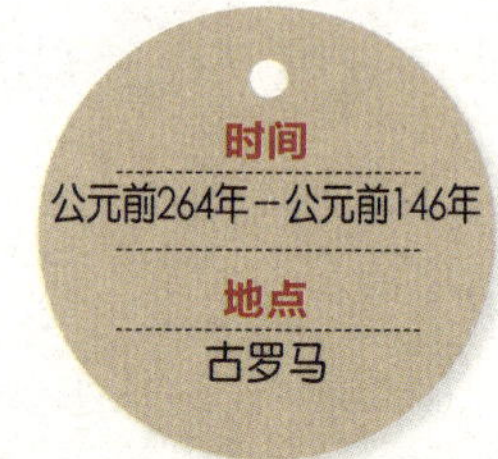

西地中海霸主之争

公元前221年，迦太基将领汉尼拔掌握军权，他率领军队征服了埃布罗河以南的大部分地区。公元前219年，汉尼拔开始进攻罗马的同盟国撒贡图姆。公元前217年汉尼拔大军在特拉西梅诺湖畔全歼罗马军队。接着在公元前216年汉尼拔又在坎尼重创前来复仇的罗马远征军。这一战过后，汉尼拔成功占领了北部意大利大部分地区。随着时间的推移，汉尼拔远离迦太基，他的军队孤立无援，得不到有效增援。而罗马占尽天时地利，战局由守转

知识链接

在第二次布匿战争期间，叙拉古出了一个有名的人，他依靠自己的聪明才智，帮助叙拉古成功抵抗罗马的攻势，他就是阿基米德。

攻。公元前211年罗马攻陷叙拉古和卡普亚，公元前207年又在意大利北部歼灭了迦太基的西班牙势力。公元前204年罗马名将大西庇阿率军远征北非。得到消息之后的汉尼拔被迫撤回了迦太基。公元前202年罗马与迦太基在扎马决战，汉尼拔完败。

在第二次布匿战争失败之后，迦太基因政治上受到罗马的压迫而一蹶不振。由于海上贸易的重要地位，在公元前2世纪初期，迦太基得到喘息的机会，迅速积累兵力。看到逐渐强大的迦太基，罗马倍感威胁，公元前149年决定再次出师灭掉迦太基。为了不违背合约，罗马唆使地中海的一个小国努米比亚频繁偷袭迦太基。迦太基向罗马申诉，可是罗马偏袒努米比亚。迦太基人最后忍无可忍，出兵反击努米比亚。

很快，罗马就以践踏和破坏合约为由大举入侵迦太基。面对强大的罗马帝国，迦太基毫无还手之力，加上随后爆发的饥荒和疾病，迦太基城被罗马夷为平地，活着的迦太基人全都沦为罗马的奴隶。自此，长达数百年的布匿战争宣告结束，战后罗马如愿以偿地成为西地中海霸主。

迦太基统帅汉尼拔

汉尼拔是海上古国迦太基最著名的军事家，在他的带领下，海上民族迦太基才得以与强大的罗马帝国周旋。他在军事及外交活动上所展现出的卓越才华，至今仍被世人称颂。

我是罗马永远的敌人

汉尼拔的童年是在战争中度过的，当时正处于第一次布匿战争时期，幼小的他并没有被战争吓到，而是亲眼看到战争所带来的灾难。

第一次布匿战争失败之后，哈米尔卡·巴卡决定出兵伊比利亚半岛，以求为迦太基的生存博得一线生机。这个时候年仅9岁的汉尼拔哭着闹着要跟着父亲一起出征。

哈米尔卡·巴卡说："你要是真的想跟随我去战场，那你就发誓与罗马为敌。"

小汉尼拔跪在祭坛前发誓，开始追随父亲南征北战。25岁的时候汉尼拔当选为迦太基驻西班牙军队的最高统领。

才华出众的迦太基灵魂

公元前221年，汉尼拔接管迦太基军权，在接下来的两年之内他成功占领了伊比利亚半岛。为了应对日益壮大的迦太基，罗马与西班牙城市萨贡托结盟，对隔河相望的汉尼拔形成威胁。

接着罗马发布通牒，要求迦太基把汉尼拔交给罗马审讯，得到迦太基的反对。公元前218年，在一切准备妥当之后，汉尼拔毅然向罗马宣战，这场战争就是著名的第二次布匿战争。

因为之前所签订的不平等条约使迦太基丧失了制海权。既然海路不通，汉尼拔决定完成一项前所未有的创举——翻越比利牛斯山。翻越之前他拉拢了阿尔卑斯山脉附近的高卢部落。打点好一切之后，他率领军队徒步穿行900千米抵达阿尔卑斯山脉附近，此时兵力已经损失得只剩下1/4了。由于高卢部落等同盟的援助，汉尼拔很快就恢复兵力。抵达意大利境内之后，汉尼拔设下圈套在特拉比亚战役中大败罗马，占领了意大利北部大部分地区。公元前216年汉尼拔运用著名的新月形战术在康奈一举击溃罗马军队。从此，罗马人再也不敢与汉尼拔正面交锋。

毫无建树的晚年

汉尼拔因为苦苦等不到国家的支援而丧失了进攻罗马城的绝佳机会，班师回营的他注定结局悲惨。

不久，汉尼拔在扎马战役中中了大西庇阿的计，导致迦太基军队损失惨重，因此丧失了国王的信任。迦太基解除汉尼拔的军权，向罗马投降，再一次签订了不平等合约。和平时期，汉尼拔从政，由于上层统治者的昏庸无能和听信谗言，迦太基每况愈下，最后不可避免地沦为罗马殖民地。为了讨好罗马，当权者甚至要把汉尼拔抓起来送给罗马国王。公元前183年，无路可逃的他在异国他乡服毒自杀了。

“王中之王”庞培

他出生于古罗马贵族家庭，20多岁就当上了执政官；他军功卓著，不到40天就占领努米迪亚，征服了非洲；他手段高明，联合恺撒和克拉苏组成“三头同盟”。他就是古罗马著名的政治家和军事家——庞培。

良禽择木而栖

公元前87年庞培的父亲去世，他继承了父亲的财产和军队。此时马略和苏拉为了争夺罗马政权发生内战，大部分王公贵族都投靠了财力雄厚的苏拉。

庞培认为，只有投靠苏拉门下才能有出头之日。他带领自己的军队奔赴苏拉军营，除此之外，他还凭借父亲在当地的威望，四处招兵买马，扩充自己的军队。有一天，他在前往与苏拉会合的路上遇见一队马略的军队。庞培对那支军队的首领说：“我要去投靠苏拉，不要挡我的路！”

那边的首领说：“你们是敌人，怎么能够放走？”

“那我劝你们也跟我一起投靠苏拉，要是你们不让

时间
公元前106年－公元前48年
地点
古罗马

路，那我们就打得你们让路！”说完，庞培就率领士兵冲杀过去，本来就意志不坚定的那些人很快被冲散，庞培杀了他们的首领，收留了残留下来的士兵。

公元前82年，苏拉夺得罗马政权，为了向苏拉示好，庞培抛弃了自己的妻子转而娶了苏拉的女儿为妻。不久，苏拉就把军权交给庞培，庞培利用闪电战术拿下西西里岛，接着又在40天之内征服了北非。

东方国家的“王中之王”

公元前70年苏拉病逝，曾经反对苏拉独裁统治的贵族立即起兵反抗，眼看苗头不对的庞培开始倒向民众，他杀掉了苏拉以前的党羽，实施了一系列有利于民众的政策。通过这些举措，庞培又开始受到大部分人的拥护，被推选为司令官，拥有至高无上的权力。

公元前66年，庞培被推选为统帅，领兵攻打本都。占领本都之后，庞培又趁势打败叙利亚、小亚细亚等地，扶持了新的犹太国王，使东部众多王国全部归属于他。到此为止，庞培的权力和威望达到顶峰，成为整个罗马最有权势的人，因为东方一些国家处于罗马的奴役之下，他被称为“王中之王”。

“三头同盟”和被刺身亡

公元前62年，庞培带着许多东方战利品回到罗马，他兴高采烈地对议院元老们说：“你们看啊，多么好的东西啊！”

谁知，议员们看见这些金银珠宝，大气都不敢出一声。

庞培又说：“我取得了这么大的胜利，难道不值得庆祝吗？”

议员们因为害怕权高位重的庞培夺取政权进行独裁统治，不敢为他召开凯旋大会。直到公元前61年议院才给他召开庆功大会。在大会上，庞培向议院申请他在东方各国的特殊权利被议员们拒绝了，这让庞培心生恨意。

公元前60年，庞培秘密会合恺撒和克拉苏结成“三头同盟”，这样一来，迫于“三头同盟”的势力，议院批准了庞培在东方各国的行动自由。

后来，克拉苏死于帕提亚战争，“三头同盟”宣告瓦解。随后庞培与恺撒反目成仇，两人为了争夺权力于公元前49年发生内战。第二年，庞培的军队被恺撒全歼。兵败之后的庞培逃到埃及，公元前48年9月被埃及国王托勒密的卫兵暗杀。

恺撒大帝

恺撒大帝是罗马共和时代末期著名的军事家。公元前49年，他占领了罗马，打败庞培，集众权于一身，实行残酷的独裁统治，制定了《儒略历》。公元前44年，恺撒遭人暗杀身亡。恺撒死后，其甥孙及养子屋大维打败敌人并建立了罗马帝国，成为第一位帝国皇帝。

实现独裁

盖乌斯·尤利乌斯·恺撒，是罗马共和国末期有名的军事统帅、政治家。

恺撒出身于贵族世家，曾先后担任过军团司令官、市政官、大法官等职。当竞选执政官时，他取得了当时最有影响力的两个人的支持，一个是庞培，一个是克拉苏。恺撒为了达到自己的目的，不惜把年仅14岁的女儿嫁给了快50岁的庞培。在庞

培和克拉苏的支持下，恺撒于公元前59年顺利当选为执政官。

公元前58年，恺撒当上了高卢总督后，通过征战吞并了整个高卢。然而他在高卢的统治并不稳固，那里接连爆发反罗马起义。恺撒以6万人军队与高卢将近25万人的大军对抗，竟以一支骑兵的偷袭扭转了战局，取得了胜利。

这时，克拉苏在战争中死去了，而恺撒的女儿也去世了，这就意味着恺撒和庞培之间的权力斗争在所难免。为了防止恺撒建立独裁政权，以庞培为首的贵族派元老院命令恺撒迅速结束高卢总督的任期，并遣散军队。可是恺撒拒绝执行这一决定。经过一番周密策划之后，恺撒率军攻向罗马，彻底打败了庞培。公元前45年，恺撒实现了他的军事独裁统治。

让人民生活在自由世界里

公元前44年，恺撒对罗马的共和制度进行了改革：给奴隶的孩子和高卢人公民权；让饱受迫害的犹太教徒获得宗教信仰的自由；禁止税收官到各地向商人和农民勒索；为元老院增补300名成员，这些人大多在当时没有什么社会地位。

恺撒对人民的安抚政策减轻了战争给罗马人民带来的创伤。另外，在他执政期间，罗马历法被希腊的一位天文学家改为阳历，每年365天，每4年中有一次闰年。恺撒决定采用的《儒略历》是现在大多数国家通用的公历的前身……

恺撒一直希望“让人民生活在自由的世界里”，罗马帝国也在他的努力下成为古代最负盛名的帝国。罗马人民深情地称他为“祖国之父”。

恺撒之死

恺撒在罗马的威望越来越高，他的政治野心也一天天膨胀，最后他获得了无限的独裁权力。一些固守罗马共和传统的元老贵族为了自己的利益，开始密谋刺杀恺撒。其实，在被刺杀之前，已经有人警告过恺撒，说元老院里有人想加害于他。可恺撒太自负了，他不相信凭着他的威望，有谁敢动他一根毫毛。

事发那天，恺撒在去元老院的路上，一个人拦住了他。那个人假装是为自己被放逐海外的兄长求情，遭到恺撒的断然拒绝后，他立刻拉住了恺撒的衣服。其他暗杀团的成员一看见这个事先约定好的暗号，就马上拿出短剑刺杀了恺撒。恺撒在人群中发现了一个他曾经非常欣赏和信任的人——布鲁图斯，他非常难过地说了句："布鲁图斯！你也有份吗？"然后就拿衣服挡住自己的脸，不再反抗。

“元首政治”屋大维

奥古斯都是恺撒之子，盖乌斯·屋大维大帝的尊称，他是古罗马最伟大的国王，在他统治的43年里，古罗马发展到巅峰状态，被誉为罗马的“黄金时代”。

崛起的恺撒之子

“您好，我是恺撒的儿子盖乌斯·屋大维！”阿波罗尼亚军中，人们总会见到一个穿着盔甲的年轻人四处跟人打招呼，他就是奥古斯都。

公元前44年，恺撒被刺身亡，年仅18岁的奥古斯都逐渐被人们遗忘。不过，奥古斯都心里却在计划夺回属于父亲恺撒的权力，建立和平的罗马帝国。奥古斯都在意大利一边虚心学习，一边招募恺撒旧部，扩充军队。回到罗马之后，奥古斯都发现国家政权已经被合谋刺杀恺撒的反动派夺走了，在恺撒生前同僚等人的帮助下，他与安东尼和雷必达组成联盟。组成联盟的奥古斯都着手清理元老院，以“净化罗马”为由铲除了300名元老和3000名骑士，抢回来的所有财物都被用来维持和扩充他的军队。

时间
公元前63年－公元前14年
地点
古罗马

公元前42年，布鲁图和卡西乌斯自杀，奥古斯都剥夺了雷必达的军权，与安东尼平分罗马。

知识链接

奥古斯都的亲生父亲是当时罗马的一个不出名的骑士，不过他的母亲阿提亚是恺撒的侄女，所以奥古斯都其实是恺撒的侄孙，后来奥古斯都父母双亡，恺撒就收他为养子。

统一的罗马帝国

公元前42年，安东尼出征罗马东部行省，到了埃及，他不可救药地迷恋上埃及女王，甚至把东部行省赠送给埃及女王。他这样的行径引起了罗马人民的不满，奥古斯都趁机散布谣言中伤安东尼："安东尼越来越像个埃及人了，哪里是罗马人？"

后来双方关系越来越紧张，公元前31年，奥古斯都统领罗马全军与安东尼和埃及女王的舰队在希腊西北部的海面会战。由于埃及女王的突然撤兵，安东尼惨败，逃回埃及都城。奥古斯都举兵杀入埃及都城，活捉了安东尼。

奥古斯都说："这都是你自找的！"

安东尼说："我要求和你决斗。"

奥古斯都说："没有必要，你要死的话，办法多得很！"安东尼最后无奈地挥剑自杀了，与此同时，埃及女王也在皇宫里被毒蛇咬死。回到罗马，奥古斯都建立起版图横跨亚非欧的超级帝国，就连地中海都成了它的内湖。

伟大的帝国之君

“我希望去世的时候能够为罗马人民留下一座用大理石建造而成的城市。”公元前27年，奥古斯都铲除所有异己，成为元首制罗马帝国的开国皇帝，看着自己亲手建立起来的强大帝国，奥古斯都非常自豪地说道：“我还要罗马人永远过上和平的生活。”奥古斯都没有食言，他在位的43年中很少出兵远征，而是把大部分精力都投入到帝国的建设之中。他改革内政，将国家的所有权力集中到自己手中；他热衷于文化艺术，在他的统治下李维、奥维德、维吉尔等著名艺术家脱颖而出；他整顿世风，攻击奢侈浪费、通奸和纳妾。

奥古斯都的治理使罗马帝国空前繁荣和稳定，以至于在接下来的200年间，帝国都延续了他所带来的和平和繁荣，他被奉为明君的典范，后世的罗马皇帝都沿袭“奥古斯都”这一尊称。

以暴出名的尼禄

尼禄是罗马帝国朱里亚·克劳狄王朝的最后一个国王。作为恺撒大帝的末代王孙，他因荒淫无度和令人发指的暴政而闻名于世。

弑母杀妻

公元54年，尼禄的母亲阿格里庇娜毒死老国王克劳狄，尼禄顺利登上皇位。登上皇位的尼禄并没有过上想象当中的自由生活，而是被蛇蝎心肠的阿格里庇娜牢牢控制着。阿格里庇娜强迫尼禄娶了一位富人家的女儿，但是尼禄却一点儿也不喜欢她，后来他爱上了一个美丽的奴隶女子，知道消息的阿格里庇娜就偷偷把那个奴隶女子处死了，这让尼禄十分伤心。这天，尼禄质问阿格里庇娜：“你为什么要杀了我喜欢的人？”

阿格里庇娜说：“你为什么不喜欢自己的妻子而去喜欢一个奴隶？这样做违背了我的意愿，我不许你胡来！”

尼禄听了之后气愤不已，说：“我是皇帝，我想怎样就怎样！”

阿格里庇娜大发雷霆：“放肆，别忘了是谁帮你当上皇帝的，我既然能帮你当上皇帝，也能要你当不成皇帝！”

听到这样的话，尼禄多年来的怨气全部爆发，他决定找个时机杀掉这个疯子一样的女人。

一天深夜，尼禄设计把阿格里庇娜引诱到精心准备的游船上面，然后趁她不注意砸沉游船，企图淹死她。谁知道阿格里庇娜命大躲过一劫，尼禄一计不成又生一计，在第二天晚上派刽子手把她给暗杀了。

杀了母亲之后，尼禄失去了任何节制，先后杀了自己的两个妻子，仅仅是因为她们埋怨尼禄不该回家很晚。之后尼禄更加为所欲为起来，不仅大肆挥霍国库，还沉溺于杀人游戏。

罗马大火

公元64年7月18日晚，罗马城突遭大火，滚滚浓烟甚至在几千米外的地方都看得见，一时间生灵涂炭，罗马人哀号着在大火里四处躲藏。

在这样极度混乱和悲惨的时刻，尼禄却站在远处的城墙上，兴致勃勃地看着映红天际的大火。他端着酒杯兴奋地对着大火吟唱歌曲，若无其事地看着在大火里挣扎的人们。

这场大火整整持续了一个星期，罗马城14个城区有3个被烧光，7个严重毁坏，1/3的居民在大火中丧生。尽管如此凄惨，大火刚停，尼禄就开始大兴土木，建造皇宫。因此他受到臣民的谴责，为了应对人们的谴责，尼禄说大火是基督教徒放的，于是疯狂屠杀基督教徒，又一次使罗马变成人间地狱。

后来，尼禄屠杀基督教徒的行为受到全国人民的谴责，但他不以为然，还说有人威胁了他的统治，开始胡乱屠杀重臣，甚至连他的老师和顾问也不放过。

知识链接

尼禄残暴不仁的统治期间唯一的亮点就是执政初期的“面包和马戏”。如果说“面包和马戏”是麻醉人民的小恩小惠的话，那么尼禄确实一度把两者都给了他们。

众叛亲离

尼禄疯狂无度地残害民众，激起了各阶层的反对，人民发动暴乱，推翻他的雕像，在墙上涂写咒骂他的话。最后罗马军队联合西班牙和北非军队包围皇宫，讨伐尼禄。

尼禄身边的亲信开始逃走，没逃走的也被他抓住杀了，到最后他落入孤立无援、众叛亲离的地步。他写信要求人民宽恕他的罪行，遭到拒绝。最后，他只好在某天深夜乔装成奴隶逃出了皇宫。尼禄逃出皇宫后听说军队在通缉他，抓住之后要处以鞭笞死刑，绝望的尼禄见事情已经到了无法挽回的地步，考虑再三之后终于鼓起勇气自杀了。

图说天下学生版
历史其实很有趣儿
（世界卷）